JN025503

武田信玄の妻、三条殿

黒田基樹
Motoki Kuroda

東京堂出版

はじめに

武田信玄（一五二一～七三）は、戦国大名のなかでも、とりわけ多くの研究が蓄積されている存在である。信玄を主題にした評伝書は、すでに何冊も刊行されている。また、信玄は一般の歴史ファンにも根強い人気がある。歴史雑誌や歴史番組でも信玄を主題にした企画がコンスタントに作成されているのが、何よりの証左と言えよう。しかし、そのような信玄にあっても、まだ十分に追究が行われていない分野がある。その一つが、家族に関わる問題である。本書は、この信玄の家族をめぐる問題について、本格的に取り上げようとするものである。そしてその際に、主人公に据えるのが、信玄の正妻だった三条殿（三条公頼《きんより》娘、一五二一～七〇）である。

ただし、三条殿の動向を直接に伝える史料は、極めて少ない。信玄に関する史料が何千点と残されているのと比べれば、微々たるものにすぎない。そのため本書では、三条殿の置かれていた状況から、その担った役割を浮き上がらせていく、という手法をとることにしたい。

まずは、信玄の子供たちの動向に注目する。信玄の子供たちそれぞれについて、何年生まれか、母は誰だったのか、何年に誰と婚約・結婚したのか、という事柄について、典拠史料をもとに、一つ一つの事実を確認していくことにする。これらの問題は、信玄に関する研究が豊富とはいっても、まだ十分に取り組まれていない部分にあたっている。

とはいえ、それらについては、正確な情報がなかなか得られないのが現状である。そのため本書では、不確かなことについてもいくつか検討していくことになるが、その結果はあくまでも現時点での検討に基づく推定でしかなく、将来的に新たな史料が見出されることで解明される可能性は十分にあり得る。研究が豊富な信玄であっても、まだまだ未知の領域が広がっているのである。

そうした信玄の子供たちの動向をみていくと、三条殿の置かれていた状況がみえてくる。本文で明らかにしていくが、信玄には、三条殿を正妻に迎えたあとにも、別妻が三人いた。また、家臣扱いの妾が二人以上いた。彼女たちが、何年に誰を産んでいるのか、ということがわかってくると、三条殿とそれら別妻・妾との関係性がみえてくる。その結果、信玄の女性関係に、三条殿が正妻としてどのように関わったのかがみえてくるだろう。それはすなわち、男性当主の性のコントロールの役割を果たしていたのである。これまでの常識では、男性当主の性は、男性当主の主体性によるものと漠然と考えられてきた。しかし、この三条殿の場合からは、それとは真逆の事態にあったことがみえてくるようになる。これは、戦国史をみていくうえでも、大きな発見となるだろう。

ちなみに、戦国大名の妻妾について、一般的には「正室」「側室」の用語が使用されることが多いが、「側室」は、江戸時代に展開された一夫一妻制のもと、妾のうち事実妻にあたるものについての呼称として生まれたものになる。戦国時代は、まだそのような状況にはなく、一夫多妻多妾制だった。そのため本書では、正妻・別妻・妾の用語を使用していく。また、男性家長と対をなし、家組織の運営にあたる妻について、「家」妻という用語を使用する。それら用語の詳しい内容については、拙著『戦国「おんな家長」の群像』（笠間書院）を参照してほしい。

三条殿の担った役割は、それだけではなかった。数少ない関係史料から、どのような役割を担っていたのかを考えていきたい。これは、史料が少ない戦国大名家の妻について、一つずつその役割を明らかにしていく作業でもある。私はこれまで、『北条氏康の妻　瑞渓院』『今川のおんな家長　寿桂尼』（ともに平凡社）で、戦国大名の妻の担った役割について、それぞれの事例をもとに明らかにしてきた。本書での三条殿の場合から知られる動向には、それらで確認されなかった内容がいくつかみられている。戦国大名の妻の役割は、まだまだ広がりをみせていくことが認識できることだろう。

また、三条殿に視点を据えて、信玄の子供たちの動向をみていくと、これまでの理解とは異なる内容もみえてくる。最大のものは、嫡男義信《よしのぶ》の謀叛事件であり、四男勝頼《かつより》の嗣立問題だろう。これまで義信の謀叛事件は、駿河今川家と尾張織田家をめぐる外交問題が背景にあったと考えられてきた。義信の死去も、信玄の命令による自害と理解されてきた。しかし、そもそも義信の死去は、自害だったのだろうか。私は義信の仏事香語をもとにすると、病死と考えるのが適切と思う。そうすると、義信はなぜ謀叛後二年にも及んで幽閉のままだったのか、これまでとは異なる理解が必要になる。さらに、義信が死去してすぐに、勝頼が嗣立されていないのはなぜなのか。実際に勝頼が信玄の嫡男に定められたのは、三条殿が死去してさらに一年以上が経ってのことだった。三条殿に視点を据えることで、それらの問題についても再検討が必要になってくるので、本書では新たな見解を提示していくことにする。

そのように検討を進めていった場合、三条殿とはどのような人物だったとみることができるだろうか。実は、三条殿を主人公に据えた歴史研究者の著作としては、すでに上野晴朗氏の『信玄の妻 円光院三条夫人』(新人物往来社)がある。ただこれは、まだ武田氏研究の研究レベルが現在ほど発展していない段階でのものであり、子供たちの動向や位置づけなどには不十分なところが多い。それでも、早い時期に三条殿の存在に注目しているのは、やはりその重要性が認識されたからに違いない。また同書には、三条殿の葬儀の際に作成された仏事香語について、現代語訳が載せられている。私には漢文・仏教史の素養がなく、そうした仏事香語を解釈することはできないので、この現代語訳は非常に参考になり、現在でもその価値は高いと言ってよい。なお、三条殿の仏事香語は、これまで利用されていない写本の存在が確認される。さらに嫡男義信の仏事香語は、これまで史料集には掲載されていない。そのため、今後の研究の進展のために、本書の末尾にそれらを掲載することにした。

三条殿に対して抱くイメージは、NHK大河ドラマ『武田信玄』で紺野美沙子さんが演じたもの、同じく『風林火山』で池脇千鶴さんが演じたものが一般的だろう。そこに共通しているのは、京都の家格の高い公家の出身というプライドの高さ、信玄との関係のある種の冷ややかさ、である。私自身も今まで、そうしたイメージに囚われていたように思う。

ところが、本書での検討から浮かび上がってくるのは、いわばそれとは正反対のようなイメージになる。武田家の「家」妻として、信玄と二人三脚で武田家の運営を行い、その人柄は、明るく優しく、周囲を温かく包む存在だったようである。実際の三条殿とはどのような存在だったのか、これからその探求にお付き合いいただきたい。

なお、本文中において、以下の史料集については略号で示した。

『戦国遺文 武田氏編』→戦武文書番号
『戦国遺文 武田氏編』補遺（『武田氏研究』四五号）→戦武補遺文書番号
『山梨県史 資料編6上』→山6上・頁数
『山梨県史 資料編6下』→山6下・頁数

武田信玄の妻、三条殿

目次

第三章　信玄の別妻と妾

第一章　信玄との結婚

三条殿の呼び名

まずは、本書の主人公である武田信玄の正妻・三条殿についての呼び名から確認していくことにしたい。本書では、彼女については「三条殿」と表記していくが、これ自体が当時の呼び名の一つである。しかし、生前におけるものではなく、死去から一年後にみえるもので、「三条殿」と表記されている（戦武一七三二）。死後とはいえ、死去して間もない時期のものであることから、当時の武田家では、彼女についてそのように呼称していたことがうかがわれる。そのため、これが彼女の呼称として最も相応しい。ちなみに、小説やドラマでは「三条夫人」「三条の方」などの呼び名が与えられているが、言うまでもなく後世におけるものになる。

三条殿の呼称として、生前にみられるのは、「御前様」（戦武三〇五ほか）、「御方様」（戦武五八九）、「上様」（戦武一二八五～八九）、「甲州御前方」（戦武四二二五）、「女中」（山6下・一五一）、「簾中」（戦武四〇四〇）であり、いずれも信玄の妻についての呼び名になる。これらの呼び名は、当該時期には三条殿だけに当てはまるとみなされる。このことから、三条殿が信玄の正妻だったと認識できることになる。ちなみに、それらの呼び名は妻についての一般的呼称なので、その対象は正妻に限られず、別妻についても当てはまる。そのため、それらがいずれも三条殿について呼んでいて、ほかの別妻には当てはまらないことを明らかにしなければならないが、この点については主に第四章で取り上げることにする。ここでは、三条殿については当時、「御前様」などと呼ばれていたこと、死去直後の時期には、武田家では「三条殿」と呼んでいたことを確認しておきたい。

そして、死去に際しておくられた法名は、「円光院殿梅岑宗薗大禅定尼」といった（「円光院殿仏事香語」山6上・一〇二二）。そのため、死後においては「円光院殿」「円光院」という法号で称された。

三条殿の出身

三条殿は、京都の公家・転法輪《てんぽうりん》三条公頼（一四九五〜一五五一）の次女である。ただし、このこと自体は、当時の史料では明確には確認できない。最も確かな情報は、嫡男義信《よしのぶ》の法語（「頌文雑句」二所収「筹山良公大禅定門掛真香語」）のなかに「坤母三条大臣の精神にして」とあり、「三条大臣」の娘であることが記されている。しかし、これだけでは、三条殿の父が三条公頼であることまでは確定できない。これまでその根拠とされてきたのは、武田家滅亡からあまり隔たっていない時期に成立したとみなされている系図・軍記史料である。代表的なものを挙げておきたい。

「円光院武田系図」（山6上・五一九）
「母円光院、転法輪三条左大臣公頼公之娘」（義信の項）
「武田源氏一統系図」（山6下・七二一）
「御母三条ノ内大臣御息女、号円光院殿」（義信の項）
「武田源氏一流系図」（同前七四二）
「母転法輪三条内府公女」（義信の項）
「甲陽軍鑑」巻一（『甲陽軍鑑大成　本文篇上』五五頁）
「てんばうりん三条殿」「三条殿姫君」

これらにより、三条殿は転法輪三条公頼の娘とみなされてきた。とりわけ、三条殿の菩提寺である円光院《えんこういん》（山梨県甲府市）に伝来された「円光院武田系図」に、そのように明記されていることは、それが確かな情報であることを示していよう。これに関連して、三条殿の四十七回忌にあたる元和二年（一六一六）七月に記された、円光院住持・明院による三条殿の肖像画賛があり、そこにも「三条大臣公頼娘」と記されている（「円光院文書」上野晴朗『信玄の妻　円光院三条夫人』一〇頁）。円光院には、確かにそのように所伝されていたことがわかる。

三条殿肖像（山梨県甲府市、円光院所蔵）

ただし、それらのうち、「武田源氏一統系図」に「三条ノ内大臣」、「武田源氏一流系図」に「三条内府」とあるのは誤記とみなされる。三条公頼の極官《ごっかん》（最終的な官職）は左大臣であり、これについては「円光院武田系図」の記載が正しい。公頼が内大臣に任官するのは天文十年（一五四一）のことで、すでに三条殿は信玄と結婚していたから、それらの表記は結婚時の官職名にもあたらない。そのため、「内大臣」と記すのは何らかの勘違いによると考えざるを得ない。

ちなみに、この誤記に基づいて「卜部本武田系図」「古浅羽本武田系図」（『群書系図部集第三』所収）では、「母三条内府実望女」「母三条内大臣実望女」（義信の項）と記していて、「三条内大臣」を正親《おおぎ》町《まち》三条実望《さねもち》（一四六三〜一五三〇）にあてている。さらに、これに関しては、「今川瀬名家記」（大阪府立中之島図書館所蔵）所収「三条系図」に、実望の娘として「武田晴信妻、太郎（義信）母」を挙げ、同所収「武田系図」の義信の項にも「母三条内大臣実望女」と記しており、この情報が一定の広がりをみせていることがわかる。

しかし、三条実望には三条殿にあたるような娘の存在が確認されないので、これは明らかな誤りとみなされる。とはいえ、転法輪三条公頼の子供について伝える当時の史料は存在しておらず、公頼の子供たちについて簡単に参照することができるのは、江戸時代成立の「系図纂要」三二（藤氏二五下）まで下ることになる。三条公頼の家督は、正親町三条実望の子公兄《きんえ》（一四九四〜一五七八）の子実教《さねのり》（一五三八〜五四）によって継承され、その死後は、公兄の娘婿である三条西実枝《さねき》（一五一一〜七九）の子

三条殿関係系図

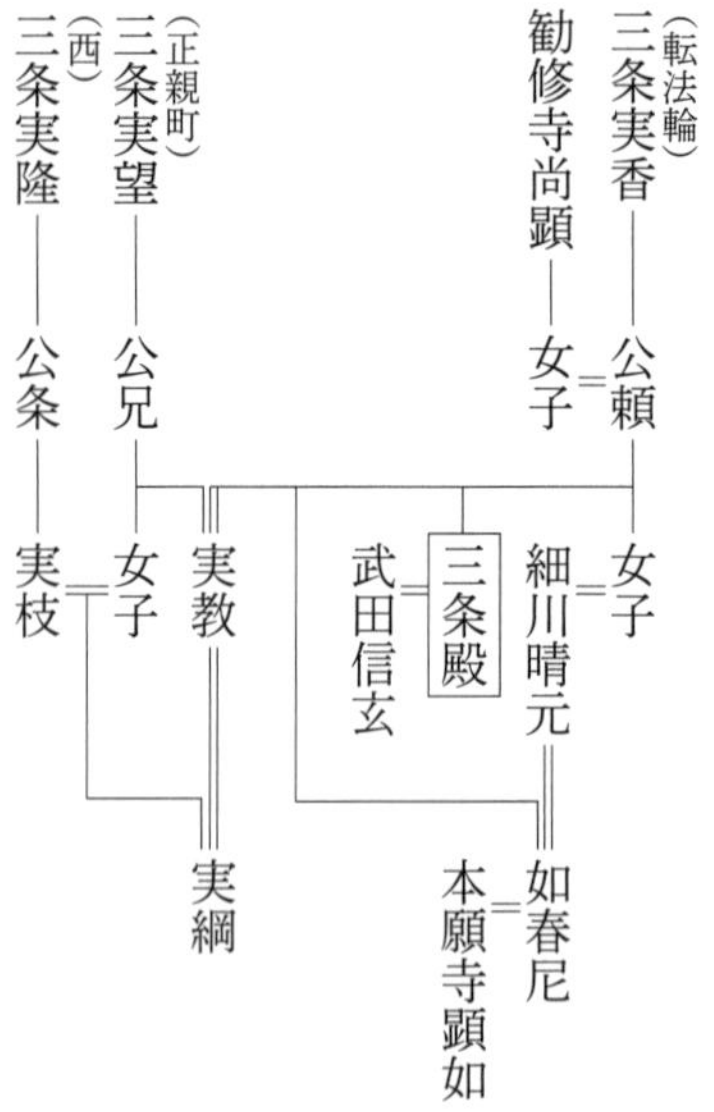

実綱《さねつな》（一五六二～八一）によって継承されるというように、正親町三条家所縁の人物によって継承されている。このようなことが、三条殿の父を、正親町三条実望とする勘違いを生み出したのかもしれない。

　ここで改めて三条殿の出自について述べることにしたい。父の三条公頼は、三条家の本家にあたり、その家系は転法輪三条家と称された。公家の家格としては精華《せいが》家に位置し、摂関家に次ぐ家格にあたり、太政大臣を極官にすることができる家格にあった。すなわち、公家のトップに位置する摂関家に次ぐ家格である。その分家に正親町三条家、さらにその分家に三条西家があり、どちらも公家の家格としては、精華家に次ぐ大臣家《だいじんけ》に位置した。極官は同じく太政大臣だったが、現実にはほぼ内大臣が極官となっていた。

　三条公頼は、転法輪三条実香《さねか》（一四六九～一五五九）の子で、明応四年（一四九五）生まれ。妻は公家・勧修寺尚顕《かじゅうじひさあき》（一四七八～一五五九）の娘とされる。永正十一年（一五一四）に従三位に叙されて公卿になり、権中納言に任官、大永元年（一五二一）に権大納言、天文十年（一五四一）に内大臣、同十二年（一五四三）に右大臣、同十五年（一五四六）に左大臣に昇進している。同年には同官を辞任し、同二十年（一五五一）には周防の大内義隆《よしたか》を頼って、その本拠の山口に下向している。ところが天文二十年九月一日（旧暦、以下同じ）、大内家家老の陶隆房《すえたかふさ》（のち晴賢《はるかた》）のクーデターにおいて殺害された。享年五十四（数え年、以下同じ）。

公頼に男子はなく、娘が三人いたとされ、長女が室町幕府管領家・細川晴元《はるもと》（一五一四〜六三）の妻、次女が武田信玄の妻・三条殿、三女が本願寺門主顕如《けんにょ》（一五四三〜九二）の妻・如春尼《にょしゅんに》（一五四四〜九八）とされている（前出「系図纂要」など）。このうち、長女についての具体的な所伝は全くみられていないようである。

次女の三条殿は、大永元年（一五二一）の生まれであり、これは夫の信玄と同年にあたる。それについては、元亀元年（一五七〇）の死去に際して開催された仏事での香語（「円光院殿仏事香語」山6上・一〇二二）に、歿年齢について「五十歳」と記されており、逆算によって大永元年生まれであることが明らかとなる。父公頼が二十七歳の時の子供である。

三女の如春尼は天文十三年（一五四四）の生まれで、夫の顕如よりも一歳年少になる。三条殿とは二十三歳も離れているので、母は別人と考えられる。誕生後すぐに、姉婿の細川晴元の養女とされて、本願寺証如《しょうにょ》（一五一六〜五四）の長男顕如と婚約した。十四歳になった弘治三年（一五五七）に結婚するが、その時には近江の六角義賢《ろっかくよしかた》の養女という形式がとられた（神田千里『顕如』、安藤弥『戦国期宗教勢力史論』）。

三条殿の姉婿は幕府管領家の細川晴元だったが、三条殿を通じて、武田家と細川家の関係が展開された形跡はうかがえない。しかし、妹婿の本願寺顕如については、永禄四年（一五六一）から、武田信玄は本願寺と軍事的連携を成立させていて、晩年には同盟を展開することになる。信玄と本願寺の軍事連携がみられ始めたのは、ちょうど如春尼の結婚後のことになるから、その軍事連携の成立には、三条殿を介した婚姻関係が大きく作用したことは確実だろう。

信玄の最初の妻

三条殿は、武田信玄の正妻として信玄と結婚するのであるが、信玄の正妻としては三条殿は二人目にあたっていた。実は信玄には、三条殿と結婚する以前に一人目の正妻がいた。すなわち扇谷《おうぎがやつ》上杉朝興《ともおき》（一四八八～一五三七）の娘である。ここで、彼女について述べておくことにしたい。

父の扇谷上杉朝興は、武蔵河越城（埼玉県川越市）を本拠にする戦国大名で、武蔵南東部を領国としていた。相模小田原城（神奈川県小田原市）を本拠にした新興の戦国大名・北条氏綱《うじつな》と抗争を繰り広げる関係にあった。大永四年（一五二四）までは、養父朝良《ともよし》から継承した武蔵江戸城（東京都千代田区)を本拠にしていたが、同年正月に北条氏綱の侵攻によって同城を失い、以後は朝良までが本拠にしていた河越城を本拠とした。その際、北条家と対抗するために甲斐の武田信虎《のぶとら》、すなわち信玄の父と同盟を結び、信虎から軍事支援を受けた。

武田信虎は、それまで北条家および、その姻戚である駿河今川家と抗争を続ける関係にあったから、扇谷上杉家と同盟することで、北条家への対抗を強めていった。以後、しばしば扇谷上杉家と連携して、北条家領国の相模に侵攻している。そして享禄三年(一五三〇)、朝興は、叔母で山内《やまのうち》上杉憲房《のりふさ》(一四六七~一五二五)の後室となっていた女性(上杉朝昌《ともまさ》の娘)を実家に引き戻し、信虎の別妻として結婚させている。「勝山記」には、

関東より河越殿(上杉朝興)の御重宝(調法)にて、乗房(上杉憲房)の上様をはい(う脱カ)取り御申し候て、武田殿(信虎)の御前になおし御申し候、

(史料引用は読み下し、現代仮名遣いに改めた。以下同じ)

とある(山6上・一三三一)。これは戦国武田家にとって、国外勢力との間に結ばれた婚姻としては最初の事例になる。

ちなみに、これまで彼女については信虎の「側室」とみな

武田・扇谷上杉家関係系図

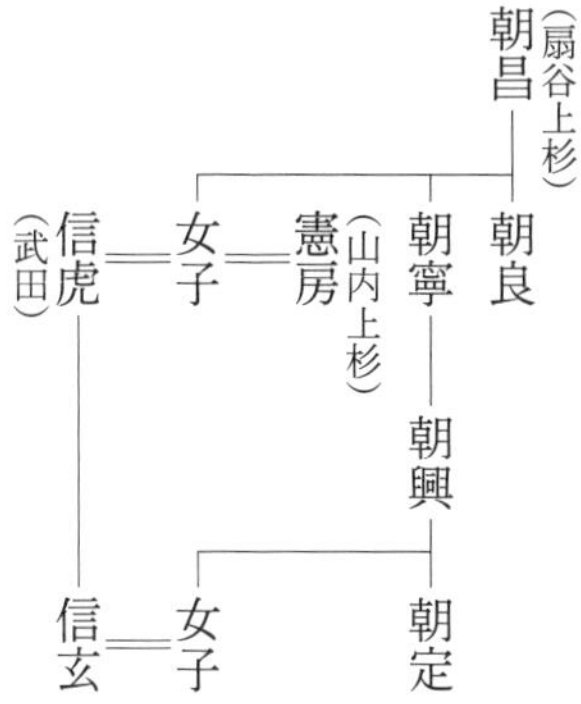

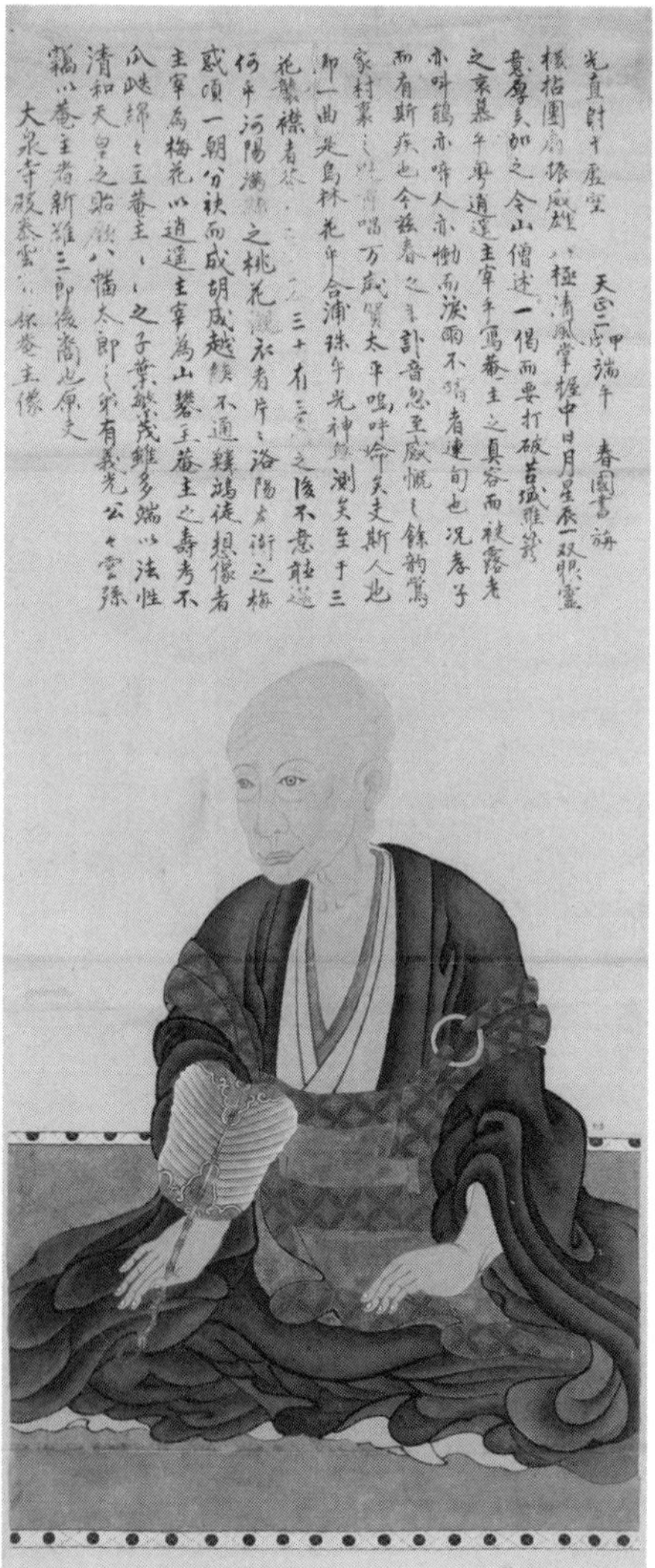
武田信虎肖像（東京大学史料編纂所所蔵模写）

されていたが、「御前」と記されているので、妻としての結婚であり、正妻・武田大井信達《のぶさと》娘（信玄の母）の存在を踏まえれば、別妻とみなすべきである。しかし、この女性のその後の動向は不明である。上杉朝興の叔母ということから、朝興の前代にあたる養父朝良の姉妹になる。年齢は不明であるものの、朝良はおよそ文明七年（一四七五）より少し前の生まれと推定され、その姉妹だったから、この時に四十三歳だった朝興よりも年長だったことは間違いない。したがって、この結婚は武田家と扇谷上杉家の同盟を示す、名目的なものだったと考えられる。

それから二年後の天文二年（一五三三）に、信虎と上杉朝興は新たな婚姻関係を形成した。あるいは朝興の叔母が死去してしまったためかもしれない。それはすなわち、信虎の嫡男信玄（当時は幼名〈元服前の名〉勝千代）と朝興の娘の結婚である。これについて「勝山記」は、

武田殿、河越殿《上杉朝興》息女を迎い御申し候、御供の衆、中々申すばかり無く候、

と記している（同前二三三）。彼女に従ってきた供の人数や装いは、言い様もないほどのものだったようだ。

彼女の年齢については不明である。兄弟としては、大永五年（一五二五）生まれの、朝興の嫡男朝定《ともさだ》と、その弟と推測される憲勝《のりかつ》の存在が知られるにすぎない。朝定は、朝興が三十八歳の時の生まれであり、信玄と朝興娘が結婚した時には、わずか九歳にすぎない。朝興娘はそれよりも年長とみて間違いないだろうが、どれほどの年長だったのかはわからない。しかもその時、信玄も元服前のわずか十三歳にすぎなかったことからすると、朝興娘もそれとあまり変わらないくらいの年齢だったかもしれない。

しかし、この朝興娘は、結婚の翌年の天文三年（一五三四）十一月に、懐胎死去してしまった。「勝

山記」には、

この年霜月《十一月》、当国の屋形《信虎》（の）源太郎《信玄》殿（の）上様《朝興娘》、河越より御越候て一年御座候て、懐妊し死去めされ候、

と記されている（同前二三三二）。信虎の長男「源太郎」の妻は、河越から来て一年経っていたが、懐妊したものの死去してしまった、とある。めでたく懐妊したものの、出産できないまま死去したことが伝えられている。

武田信虎と扇谷上杉家の同盟関係は、その後も継続されている。確実なところでは、天文五年（一五三六）に信虎が相模津久井《つくい》領に侵攻するまで確認される。しかし、翌天文六年（一五三七）四月に上杉朝興が死去し、わずか十三歳の朝定が家督を継承してからは、具体的な軍事連携などについては確認されなくなっている。同盟は、どちらかに代替わりがあった場合、改めて双方の当主によって結び直されるものであることからすると、信虎は上杉朝定とは同盟を継続しなかったと考えられる。

もし、朝興娘が無事に出産し、かつ生存を続けていたら、その後の信虎の政治動向は大きく変わっていたことだろう。おそらくは、関東で北条家との抗争にもっと取り組むことになっていたかもしれない。そして何よりも、信玄にとって、二人目の正妻として三条殿が登場してくることもなかったこ

とになる。

信玄の元服

それでは、ここで夫の武田信玄について述べることにしたい。信玄は大永元年（一五二一）十一月三日に誕生した（「甲陽日記」山6上・八四）。父信虎が二十四歳の時の子である。信虎の生年については、これまで明応三年（一四九四）と考えられてきたが、近年の研究により、正しくは同七年（一四九八）とみるのが適切と考えられる（秋山敬『甲斐武田氏と国人の中世』）。ちなみに、誕生日は正月六日であることが判明している（「甲陽日記」山6上・八二）。

母は信虎の正妻・武田大井信達の娘（瑞運院殿《ずいうんいんでん》、瑞雲院殿とも。のち長禅寺殿）である。生年は明応七年と推定される。忌日は天文二十一年（一五五二）五月七日で、歿年齢は「行年五十五」とあり（「頌文雑句」二所収「心月珠泉大姉下火香語」）、逆算により明応七年になる。また、誕生日については、三回忌法語により十一月十七日であることが確認できる（「天正玄公仏事法語」山6上・二九一）。生年は、夫の信虎と同年だった。信虎と瑞運院殿夫妻、信玄と三条殿夫妻は、奇しくも同い年同士の夫婦が二代続いたことになる。

信玄は信虎の長男ではなかったらしい。幼名竹松を称した兄がいて、彼は永正十三年（一五一六）

生まれで、信玄誕生から二年後の大永三年（一五二三）十一月一日に七歳で死去したことが伝えられている（広瀬広一『武田信玄伝』、平山優『武田信虎』）。信虎と瑞運院殿の結婚は永正十三年とみなされるから、竹松の母は彼女でなく、別人だったと考えられ、すなわち庶長子の立場にあったようだ。し

武田信玄（晴信）肖像（東京大学史料編纂所所蔵模写）

たがって、信玄は信虎の男子としては次男だった。しかし、母の瑞運院殿は信虎の正妻だったため、信玄が嫡出の長男として、嫡男に位置づけられたのである。

また、瑞運院殿所生の子としても、信玄は第一子ではなく、第二子だったとみなされる。信玄の姉には今川義元の妻・定恵院殿《じょうけいいんでん》がおり、信玄より二歳年長の永正十六年（一五一九）生まれだった。彼

瑞運院殿肖像（東京大学史料編纂所所蔵模写）

女の母が瑞運院殿であることを明記する史料はないが、「武田源氏一統系図」は信虎の子供について、瑞運院殿所生以外についてはその旨を記していることが多い。しかし、定恵院殿については何ら記しておらず、信玄や信繁《のぶしげ》（信虎四男）・信廉《のぶかど》（同六男）とも同母とみなされること（山6下・七二一）、「武田源氏一流系図」でも同様であると共に、そこにわざわざ「但し信玄姉也」と記していることから、やはり同母だったと考えてよいだろう（同前七四一）。

したがって、信玄は信虎の次男として誕生したものの、嫡出としては二人目の子供で、かつ長男だったということになる。ちなみに、信玄の同母の兄弟姉妹については、弟に信繁（大永五年〈一五二五〉生まれ）・信廉（天文元年〈一五三二〉生まれ）がおり、姉に定恵院殿がいる。そのほかに、長弟の戌千代（信虎三男、大永三年〈一五二三〉生まれ）もその可能性が高いとみられ、さらには次妹（信虎三女）の禰々《ねね》（諏方頼重《すわよりしげ》の妻、享禄二年〈一五二九〉生まれ）もその可能性があるとみなされる。瑞運院殿の年齢としては、二十二歳から三十五歳での出産だったことになる。ちなみに、信玄の兄弟姉妹についての詳細は、広瀬広一氏の『武田信玄伝』と平山優氏の『武田信虎』を参照してほしい。

信玄は幼名を勝千代といい、最初に動向が確認されるのが、先述した通り、天文二年（一五三三）に十三歳で扇谷上杉朝興の娘と結婚したことである。そして天文五年（一五三六）三月、十六歳で元服し、室町幕府将軍足利義晴《よしはる》から偏諱《へんき》（実名《じつみょう》の一字）を与えられて、実名（成人後の名）「晴信」を名乗った（「甲陽日記」山6上・八五）。武田家が足利将軍家から偏諱を得るのは、これが最初になる。仮《け》名《みょう》（成人後の通称）は「太郎」を称したことが諸系図に記されているが、実際の史料ではまだ確認されていない。

それに先立つ天文五年正月十七日に、信玄は従五位下の位階を与えられたことが伝えられている（「歴名土代」山6下・六八六）。当時は朝廷官位も、室町幕府将軍を通じて与えられていた。信玄がこの時に従五位下を与えられたのは、将軍からの偏諱の授与、元服に合わせてのことと考えられるので、それは事実とみてよいだろう。信玄はその後、天文八年（一五三九）までに官途名（朝廷の中央官職にちなむ通称）左京大夫に任官されているが、その任官も、この時のことだった可能性が高い。

天文五年正月、父信虎は「四品《しほん》」（ここでは従四位下の位階のこと）にあったことが確認されていて（「実隆公記」山6下・一四七）、これは陸奥守の受領名《ずりょうめい》（朝廷の地方官職にちなむ通称）を与えられたことに伴っていたと考えられる（平山前掲書）。信虎の陸奥守任官は、前年九月に確認されるが（拙著『北条氏綱』）、従四位下叙位はそれを受けてのことかもしれない。信虎は、それまで左京大夫の官途を名乗っていたが、ここで陸奥守に遷任しているのは、すでに平山氏が指摘しているように、元服する信玄に同官を譲るためだったと考えられる。したがって信玄は、元服に伴って、将軍足利義晴から偏諱を得ると共に、従五位下・左京大夫に叙位・任官（略して叙任と表現される）された可能性が高いとみてよいだろう。

天文五年三月に、信玄の使者が京都に派遣されたことが伝えられていて（『後鑑』同月条、「高代寺日

武田信玄関係系図

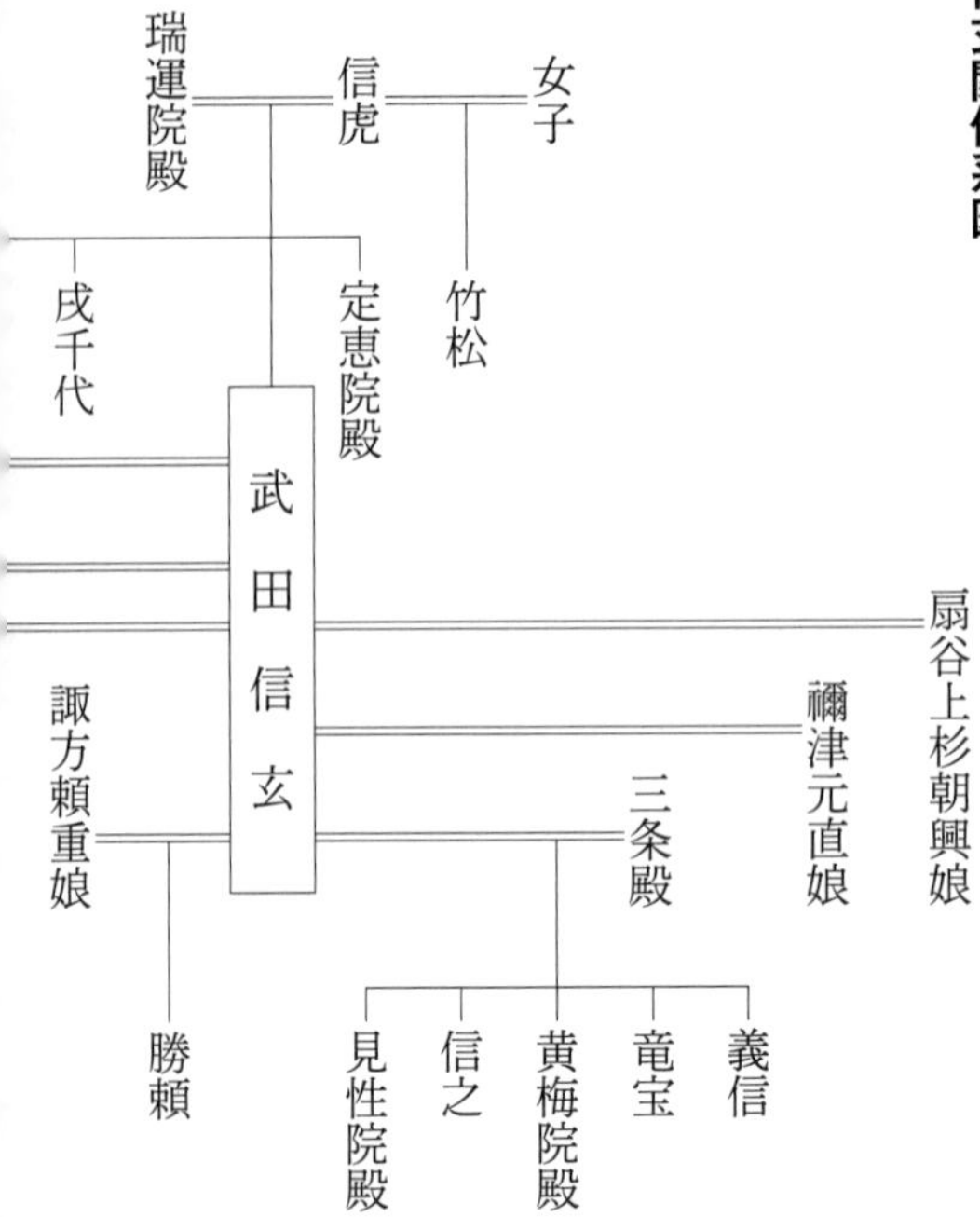
女子
信虎
瑞運院殿
竹松
定恵院殿
戌千代
武田信玄
扇谷上杉朝興娘
禰津元直娘
三条殿
諏方頼重娘
義信
竜宝
黄梅院殿
信之
見性院殿
勝頼

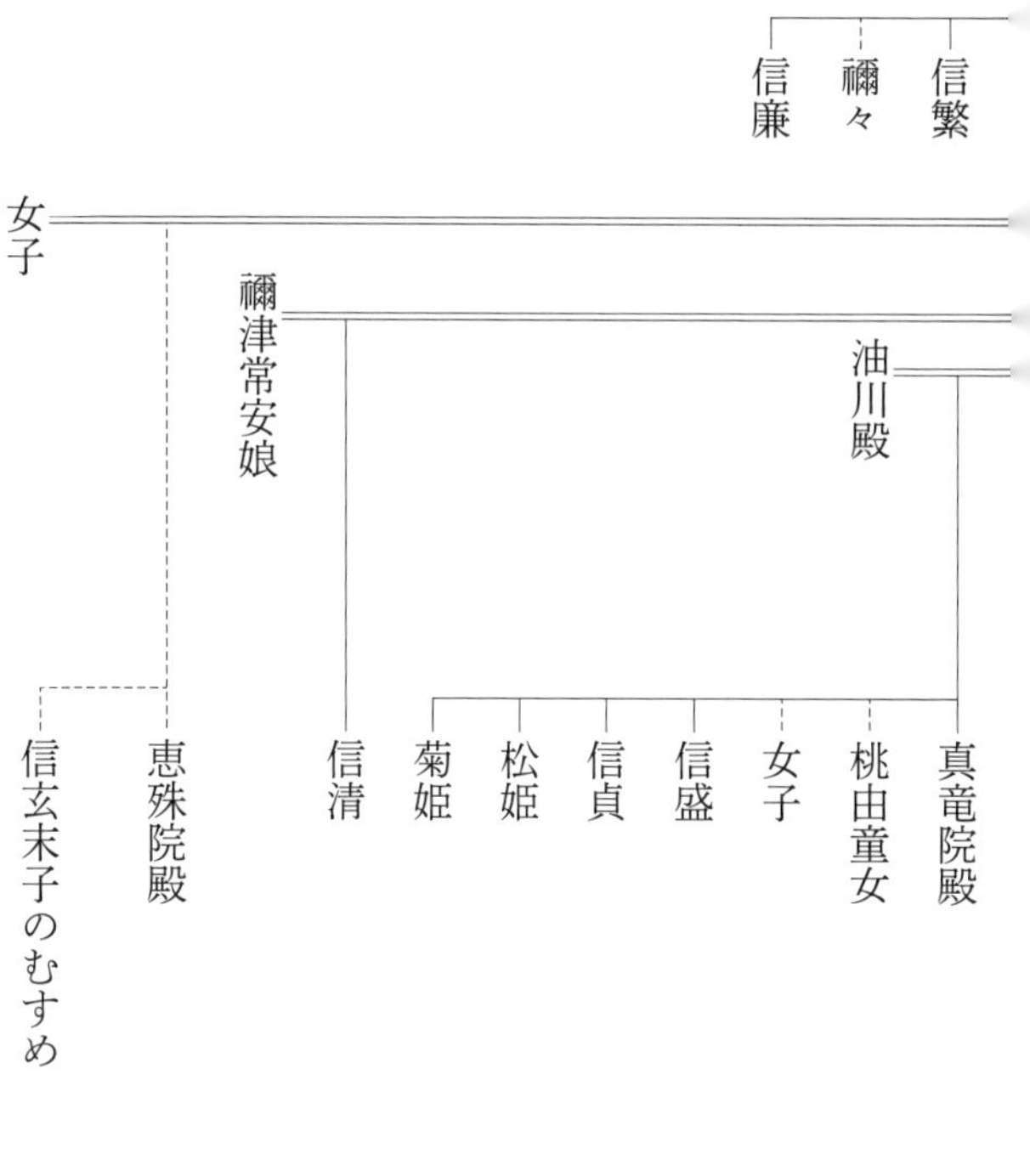
信繁
禰々
信廉
女子
禰津常安娘
油川殿
真竜院殿
桃由童女
女子
信盛
信貞
松姫
菊姫
信清
恵殊院殿
信玄末子のむすめ

記」〈内閣文庫所蔵〉による)、これは偏諱拝領などに対する御礼の使者と推測されている(磯貝正義『定本武田信玄』)。さらに同年の九月二十三日に、公家の四辻季遠《よつつじすえとお》(「やふ中将」)が甲斐から京都に帰還していて(「お湯殿の上の日記」山6下・一四七)、これは後奈良《ごなら》天皇による従五位下叙位の口宣案《くぜんあん》(さらには左京大夫任官の口宣案もだろう)を甲斐に持参したことに伴うものとみなされている(奥野高廣『武田信玄』)。

こうして信玄は、十六歳を迎えてすぐに元服し、実名晴信を名乗り、さらに従五位下・左京大夫に叙任されたのだった。これはすなわち、戦国大名武田信虎の嫡男としての地位が確立されたことを意味した。

「甲陽軍鑑」の記事

そのうえで信玄は、三条殿と結婚するのである。ただし、この結婚の経緯について記しているのは、「甲陽軍鑑」のみである。そのため、これまでもその内容が取り上げられてきた。まずは、その内容をみておきたい(巻一、前出に同じ)。

されども駿河今川義元公御肝煎にて、勝千代殿(信玄)十六歳の三月吉日(天文五年)に御元服ありて、信濃守・大膳大夫晴信と、忝くも禁中(天皇)よりちょくし(勅使)として、てんばうりん(転法輪)三条殿(公頼)、甲府へ御下り給ふ、則ちよくめい(勅命)をもつて、三条殿姫君(三条殿)を晴信へ、とて、其年の七月御こし入候なり、

すなわち、駿河今川義元の斡旋によって、信玄は十六歳になった天文五年（一五三六）三月吉日に元服して、朝廷から「信濃守・大膳大夫」の受領名・官途名を与えられ、実名晴信を与えられた。それを伝える後奈良天皇の勅使として、転法輪三条公頼が甲府に下向してきた。そのうえで勅命として、三条公頼の娘・三条殿を信玄の妻としなさい、という内容が伝えられて、その年の七月に輿入れがあった、というものになる。

この内容については、すでに先行研究において指摘されているが、いくつかの明らかな誤りがみられる。まず、信玄の任官が今川義元の斡旋によるとしていることについて、そもそも今川義元が今川家当主になるのは、天文五年三月の兄氏輝《うじてる》の死去を受けてのことであり、ここで義元がそのような行為をすることはできない。今川家当主のこととすれば、それは兄氏輝のことになるが、当時の武田家と今川家は抗争関係にあったから、そもそも今川家の斡旋はあり得ない。

また、元服に際して信濃守の受領名と大膳大夫の官途名を与えられたとしているが、実際に与えられたのは、先に触れたように、従五位下の位階と左京大夫の官途名とみなされる。大膳大夫の官途名は、信玄が武田家の家督を継承したあとの、天文十一年（一五四二）に与えられたものである。信濃

守の受領名は、天文十八年（一五四九）からその呼称がみられるようになっていて（戦武二九一）、明確に信玄自身が呼称しているのは同十九年からになる（戦武三一四）。すなわち、いずれも元服時に名乗ったものではない。

任官と同時に実名晴信を与えられたように記されているが、先に触れたように、実名は将軍足利義晴から偏諱を与えられたものだった。しかも官位は、実態としては将軍から与えられていた。そのため、元服に際して天皇から勅使が派遣されることはなかったと考えられる。あるのは幕府からの使者になる。そのうえで叙任の口宣案を持参する公家の使者が派遣されることもあったが、地方大名の場合はほとんどなかったらしい。

また、ここでは勅使として転法輪三条公頼が派遣されたことになっているが、三条公頼の甲斐下向については他史料にはみえず、確認されていない。実際に甲斐に下向してきているのは、四辻季遠である。彼はこのあとで、武田家への取次を務めているから、この時もその関係からと考えられる。そのため、三条公頼の下向は事実ではなく、四辻季遠のことを誤って伝えたものと考えられる（磯貝前掲書。ただし、四辻ではなく正親町公叙《きんのぶ》と誤っている）。

信玄の元服が天文五年三月であることについては、「甲陽日記」にその旨がみえ、それに先立つ正月に叙位されたこととなっており（「歴名土代」）、三月に信玄から京都に使者が派遣され（『後鑑』）、九月に四辻季遠が甲斐から帰京していることなどから（「お湯殿の上の日記」）、確かなことと考えられる。

しかし、それに伴う事柄のほとんどは、誤ったものになっている。

結婚の時期と背景

それでは、信玄と三条殿の結婚についてはどうだろうか。「甲陽軍鑑」では、勅命によって信玄と三条殿の結婚が指示され、天文五年（一五三六）七月に婚儀が行われた、としていた。しかし、そもそも朝廷が戦国大名家の婚姻を取り持つなどということはなく、それに関して勅命が出されることもない。このことからすると、その前段に三条公頼が勅使として下向してきたことが記されているのは、そのあとに三条殿が信玄と結婚することをもとに、その前提をなすものとして取り上げられたのだろうと思われる。

では、結婚時期についてはどうだろうか。これまでの研究では、時期そのものは肯定してよいとする考えと、今川家の仲介によるとすれば、時期は今川家との同盟が成立した翌天文六年（一五三七）二月以降、とみる考えが出されている。私は、どちらかと言えば後者の立場を示してきた（拙著『北条氏綱』など）。しかし、改めて「甲陽軍鑑」の内容をみてみると、信玄の元服、それに伴って生じた結婚については、今川家の仲介によるとされている。もっとも、今川家の仲介は元服についてだけで、その後の結婚については仲介していない、と考えることも可能かもしれないが、今川家の仲介で朝廷からの勅使が下向した、その下向の際に結婚の勅命が伝えられた、という話の流れになっているから、全体が今川家の仲介によって実現した、という構成であると理解できる。そうであれば、元服と結婚の話を切り分けることはできなくなる。

信玄の元服に際して、今川家の仲介が想定できないことについては、先に触れた通りである。そうすると、結婚についても今川家の仲介を想定する必要はない、ということになる。「甲陽軍鑑」が今川家の仲介のことを取り上げているのは、その当時の武田家には幕府・朝廷への通交ルートはない、という認識が背景にあるように思われる。しかし実際には、武田信虎は独自に幕府・朝廷への通交ルートを構築していた。信虎はこの時期まで、今川家と抗争関係を続けていたが、そのなかで、大永元年（一五二一）には幕府を通じて従五位下・左京大夫に叙任されているのであり、直近では、前年の天文四年（一五三五）には陸奥守に遷任、この天文五年の正月には従四位下に昇叙され、また信玄も叙任を受けている。これらのことから、武田信虎が幕府・朝廷に対して独自の通交ルートを持っていたことは確実である。

こうしてみると、信玄と三条殿の結婚は、武田家の独自ルートで進められたもの、と考えることが可能になる。その場合に検討すべき問題として、天文五年七月という結婚の時期についてと、どうして信玄の妻に三条殿が選択されたのか、の二点が挙がってくる。

まず、結婚の時期については、確定することができない。そもそも時期を伝える史料は、この「甲陽軍鑑」の内容しかないのである。ちなみに、信玄と三条殿の第一子である義信は、天文七年（一五三八）生まれであるから、遅くても両者は同六年（一五三七）までに結婚していたことは間違いない。そうしたなかで、「甲陽軍鑑」がわざわざこの時期を所伝していること、しかもその所伝に成立の余地があることを踏まえると、むしろこの所伝を尊重するのが、現段階では妥当と考えられる。

この結婚時期の所伝を尊重すると、結婚は武田家の独自の外交関係で成立した、と考えていくことになる。その場合、武田家はどのようにして転法輪三条家との通交を形成したのだろうか。そもそも、結婚後においても、武田家と転法輪三条家の通交について具体的状況を確認することができていない。関係史料が残っていないからである。したがって、関係形成については推測する手がかりすらないのが現状である。唯一手がかりになりそうなのが、天文五年九月に四辻季遠が甲斐から帰京していることである。

四辻季遠は九月に甲斐へ下向していたが、そもそもそれは何のためだったと考えられるのか。これまでは正月付けの口宣案を持参したことが推測されていた。しかし信玄の元服は、正月の叙任を受けて、三月に行われているから、口宣案を持参するとすれば、三月のことと考えられる。そうすると四辻季遠は、三月に下向して九月まで在国したのだろうか。その可能性を否定はできない。ただ、それとは別の考え方として、四辻季遠は口宣案を持参したのではなく、信玄と三条殿の婚儀に参加した、とみることもできるように思う。婚儀は七月に行われたことが伝えられている。そのことを踏まえると、四辻季遠はその婚儀に参加するために甲斐に下向してきて、九月まで滞在して帰京した、とみることは十分に可能だろう。

この四辻季遠の甲斐下向が、信玄と三条殿の婚儀に伴うものだとすれば、それこそ婚儀が天文五年七月頃に行われたことの傍証にもなり得よう。さらに、四辻が婚儀に参加したのだとすれば、彼こそが、武田家と転法輪三条家との関係を取り持った可能性すら出てくることになろう。とはいえ、現段階で推測できるのはここまでである。何とも中途半端な結果でしかないが、関係史料が存在しない以上、仕方がない。今後、この時期の武田家と京都政界との交流に関する史料が見出され、交流の内容についての追究が深められていけば、新たな推測も可能となっていくことだろう。

信玄と三条殿の結婚が、天文五年七月に成立したとすれば、両者は共に十六歳の時のことになる。それから三条殿が死去する元亀元年（一五七〇）まで、信玄と三条殿は、三十四年に及んで過ごしていくのである。

第二章　三条殿の子供たち

三男二女の子供たち

結婚後の三条殿が、武田家のなかでどのような役割を担い、果たしたのかを考えていくうえで、一つの重要な要素となるのが、子供の出産状況である。また、三条殿についての具体的な動向を認識することができる最初が、そもそも子供の出産になる。これらの事情については、今川氏親《うじちか》の妻・寿桂《じゅけい》尼《に》や北条氏康の妻・瑞渓院殿《ずいけいいんでん》について検討した場合と、全く同じである（拙著『今川のおんな家長　寿桂尼』『北条氏康の妻　瑞渓院』）。そのためここで、三条殿が産んだ子供たちの状況について、まとめておくことにしたい。

三条殿が産んだ子供は、以下の検討で明らかなように、三男二女の五人である。信玄の子供は、全部で七男八女の十五人が確認できるので、その三分一を三条殿が出産したことになる。第一子を産んだのが結婚二年後の天文七年（一五三八）で、三条殿は十八歳だった。最後とみなされる第五子を産んだのは、推定になるが、それから九年後の天文十六年（一五四七）頃で、二十七歳のことになる。三条殿が産んだ子供は、男子では長男から三男まで、娘は長女と次女である。三条殿の出産がみられた時期において、信玄が他の女性から子供を産ませているのは、三男信之《のぶゆき》と次女見性院殿《けんしょういんでん》の誕生の合間となる天文十五年（一五四六）に、四男勝頼が生まれているだけである。このことは、三条殿が出産可能だった期間において、信玄は原則として、ほかの女性に子供をほとんど産ませなかったことを示している。このような状況は、三条殿の武田家における存在を認識するうえで極めて重要な事柄になるが、その検討は第四章で行うものとし、ここでは子供たちの概略をみておくことにしたい。

もっとも、信玄の子供たちの動向について、きちんと典拠をもとにして概略がまとめられたものは、意外なことにほとんどみられない。そのため、本章および次章では、できるだけ個々の事実関係についての典拠を示しながら、それぞれの概略をまとめることにしたい。

長男・武田義信

三条殿の子供であることについては、「母円光院、転法輪三条左大臣藤原公頼公之娘」（「円光院武田系図」山6上・五一九）などとあることにより、確かとみなされる。さらに、義信葬儀の際の東光寺説三による掛真香語（「頌文雑句」二所収）には、先に少し引用したように「坤母三条大臣の精神として」と記されていることから、確実とみなされる。

天文七年（一五三八）生まれで、これは歿年齢からの逆算による。忌日は永禄十年（一五六七）十月十九日で（「十輪院武田家過去帳」山6下・九一九）、歿年齢は三十歳である。これまでは系図史料の記載がとられてきたが、義信葬儀の際の春国光新《しゅんこく・こうしん》による下火香語に「三十年」、藍田恵青《らんでんえじょう》による取骨香語に「年光三十」とあることで確定される（「頌文雑句」一・四所収）。なお横山住雄氏は、「年光三十一」と解して、歿年齢は三十一歳の可能性を示していたが（『武田信玄と快川和尚』）、「一」はそのあとに続く文字であり、「三十」と理解するのが正しい。それによる生年は天文七年になる。法名は「東光寺殿籌山良公大禅定門」といった（前出「十輪院武田家過去帳」など）。なお「良公」は、正しくは「玉良」であるとみなされる（「頌文雑句」一所収「東光寺殿籌山良公大禅定門下火香語」横山前掲書参照）。

幼名は明確でないが、元服以前は「御曹司様」（「甲陽日記」山6上・九三）と称されていて、当初から嫡男として位置づけられていたことがうかがわれる。

武田義信関係系図

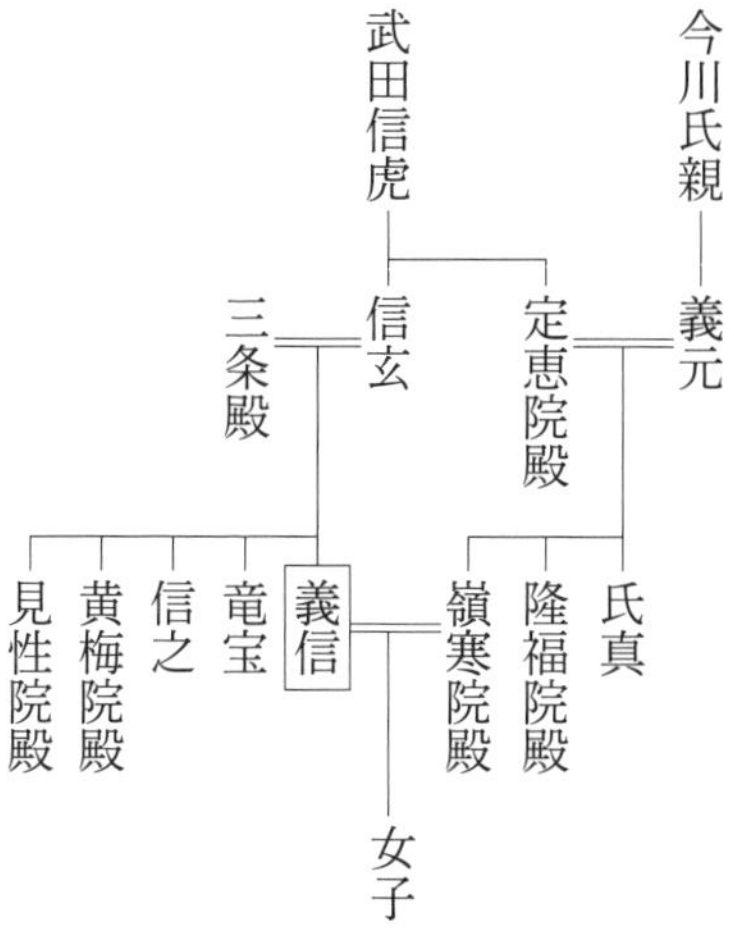

武田義信の墓（山梨県甲府市、東光寺）

天文十九年（一五五〇）十二月七日に十三歳で元服し、仮名《けみょう》は太郎を称している（「甲陽日記」山6上・九五）。ただし、実名《じつみょう》の名乗りはまだだった。

天文二十年（一五五一）七月には、駿甲相三国同盟交渉の一環で、駿河今川義元娘（嶺寒院《れいかんいん》殿《でん》もしくは嶺松院殿《れいしょういんでん》）との婚約が成立し、八月から西屋形の建設が開始されている。十五歳になった天文二十一年（一五五二）正月八日に、具足召初めを行っている（同前九六）。次いで四月二十七日に西屋形に移っている。そして十一月二十七日に義元娘との婚儀を行っている（同前九七）。

天文二十二年（一五五三）七月二十三日に、室町幕府将軍足利義輝《よしてる》から太郎に偏諱《へんき》を与えることを伝える使者が到着している（同前九九）。

与えられた偏諱は、足利将軍家の通字《とおりじ》の「義」字で、それを武田家の通字に冠して、実名は「義信」を名乗ることになった。そして十二月十九日に、その名乗り開きの祝儀を行っている（同前一〇一）。信玄の実名は将軍の下字を与えられたものだったが、義信は将軍家の通字を与えられており、それよりも高い待遇を受けたことになる。それは信玄が、信虎よりも高い政治的地位を確立させていたこと、具体的には、すでに従四位下の位階にあり、その後は足利将軍家の相伴衆《しょうばんしゅう》として、在国大名衆での最高の家格を獲得していること、に伴うものだろう。

天文二十三年（一五五四）に初陣し、信濃に出陣している（「勝山記」山6上・二四一）。

此の年御曹司様始めて御馬を信州へ出しめされ候て、思う程切り勝ち成され候、

とはいえ、具体的な状況は判明していない。信玄は七月から九月にかけて出陣し、佐久郡を経略、また伊那郡・木曾郡も経略している。義信の初陣は、そのいずれかで行われたとみなされる。「勝山記」では、義信初陣に続けて、佐久郡の情勢を記していることからすると、佐久郡でのことだった可能性が高いように思われる。

そして弘治三年（一五五七）十二月二十八日には、信玄と連署して寺院宛てに寺領を安堵（保証すること）する判物《はんもつ》（花押を据えて出された公文書）を出している（戦武五八二〜三）。

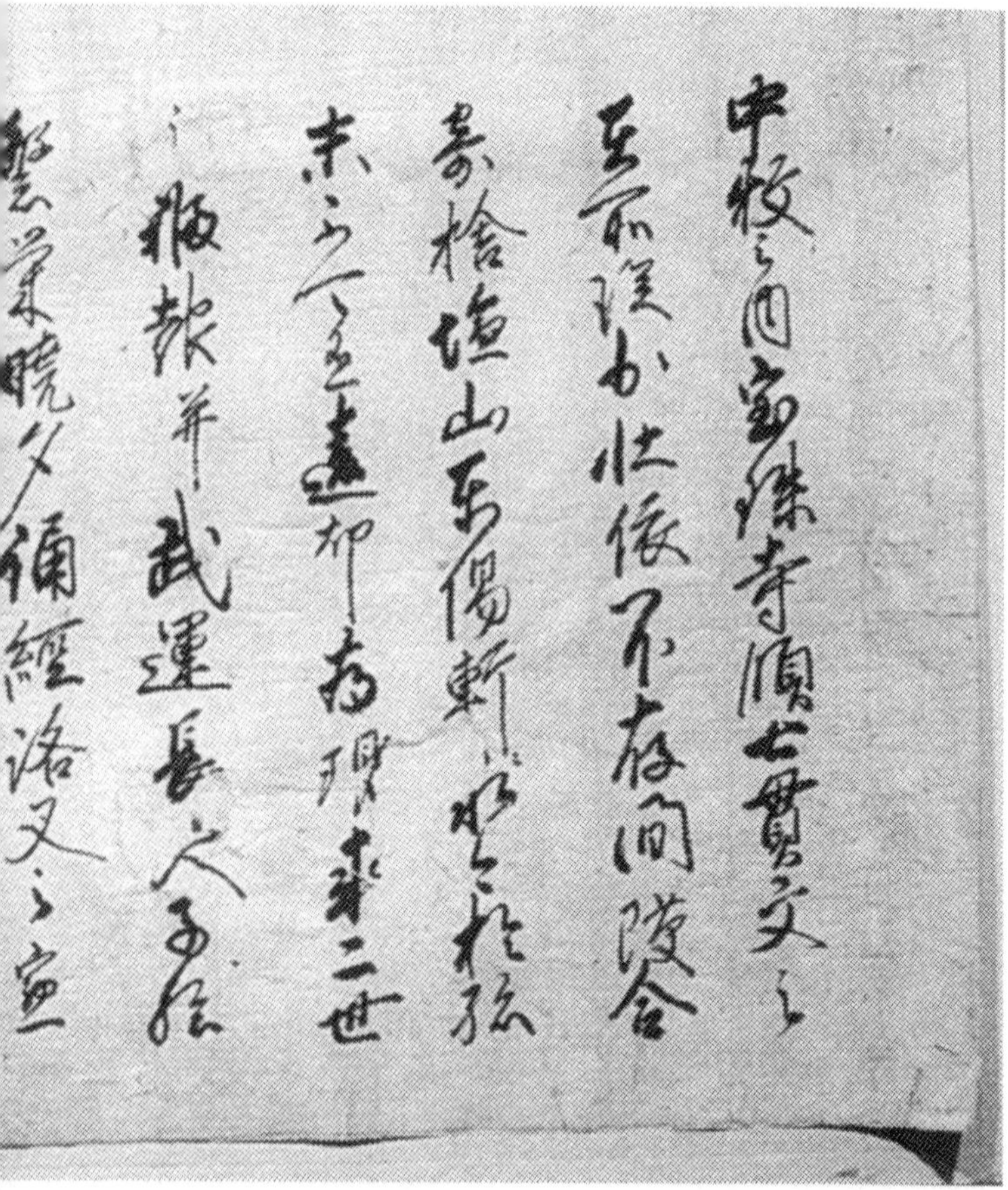

真如苑所蔵文書。『山梨県史 資料編5 中世2 別冊写真集』より転載）

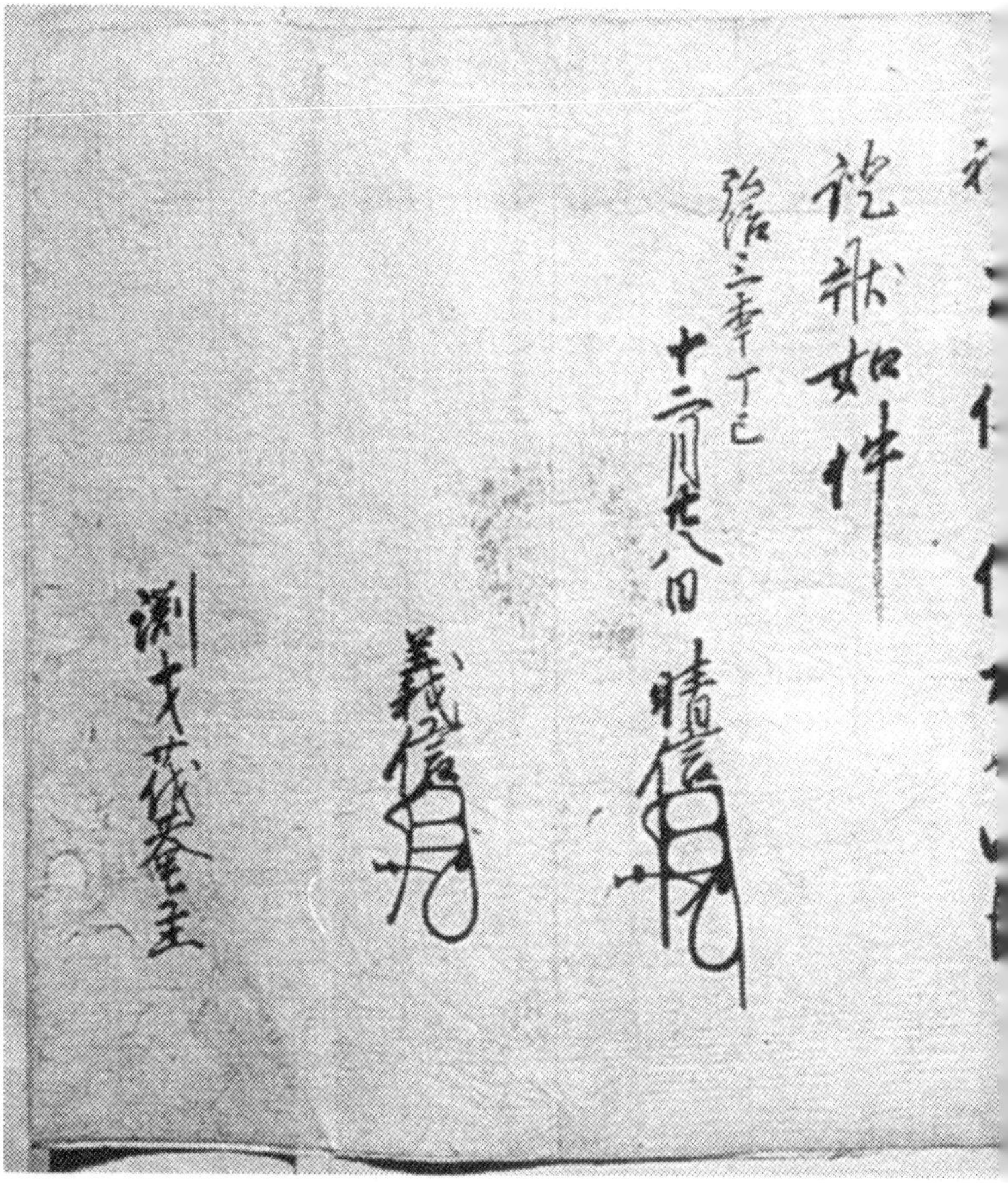

弘治3年12月28日付け武田晴信・同義信連署判物（東京都立川市・

中牧の内宝珠寺領七貫文の在所、少壮より間隙を存ぜざるに依り、合わせて塩山東陽軒に寄捨し、永々孫末において違却有るべからず、現来二世の福報並びに武運長久・子孫繁栄のため、暁夕誦経し、洛叉の懇祈不倦の儀尤もに候、仍って後日の証状件の如し、

弘治三年丁巳

十二月廿八日　　晴信（花押）

義信（花押）

淵才茷庵主

一、万力の内常性寺領五段、壱貫文の年貢を相勤め候、此の外諸役無し、

一、二親の月忌として、壱段年貢参百文竹井分也、其の外無役、

一、越前屋敷壱間、門前としてこれを寄進す、

右三ヶ所の内、地頭・代官並びに親類・本地主、聊か其の綺有るべからざる者也、

弘治三年丁巳

十二月廿八日　　晴信　花押

義信　花押

（下欠）

これらが義信の発給文書として、最初に確認されるものである。義信が信玄と連署して、領国における権益関係について保証する公文書を出していることは、信玄の後継者として、その領国統治を分担するようになったことを示している。とはいえ、信玄との連署判物は、その後はみられず、この時だけのことになっている。

義信の発給文書自体、残存数が少なく、単独で出したものはすべて書状で、五通が確認されるにすぎない（戦武一二〇二～六）。宛先も将軍直臣の大館晴光《おおだちはるみつ》、京都聖護院と成就院、高野山引導院、という具合に、いずれも国外に対するものであり、かつ内容も贈答のやり取りに伴うような儀礼的なものにとどまっている。しかしこれらは、義信が信玄の嫡男として、外交上において役割を担うようになっていたことを示している。

義信は死去するまで、仮名の太郎を称したままで、官途名などを名乗ることがなかった。理由は判明しない。ただその代わりとして、永禄元年（一五五八）に、信玄が幕府から信濃国守護職を与えられたのと合わせて、准三管領の地位を与えられている（戦武五八六）。

今度義信三管領に准ぜらるるの旨並びに晴信信州守護職の事、申し上げられ候処、相違無く仰せ調えられ、両条　御判を成し下され候、忝く存ぜられ候、仍って貴殿へ御礼として、鵝目弐千疋これを進らせらるるの間、兼約に申され候知行の儀、追って相調え進献せしむべく候間、弥殿中の儀、御馳走頼み奉るの趣、拙者より申し入れるべきの由に候、巨細の段瑞林寺演説有るべく候、恐惶謹言、

正月十六日　　　　昌良(今井)（花押）

大館(晴光)殿

御報人々御中

准三管領とは、室町幕府管領に准じた身分的地位を認めるものである。管領に就任できるのは斯波《しば》家・細川《ほそかわ》家・畠山《はたけやま》家の三家だったため、「三管領」という呼称が生じていた。あくまでも幕府内における政治的地位を示すもので、在国の国持大名を対象にした、相伴衆の任命や、白傘袋《しろかさぶくろ》・毛氈鞍覆《もうせんくらおおい》の使用免許、などの栄典の一種だった。

義信は信玄の嫡男として、順調に過ごしていたようにみえるが、永禄八年（一五六五）十月に「義信謀叛事件」が生じる。首謀者は武田家家老の飯富虎昌《おぶとらまさ》とされ、飯富は十月十五日に自害させられた。併せて義信の近臣や配下の軍勢は処刑され、あるいは追放された。そして義信自身は、甲府東光寺に幽閉処分とされた。この事件については改めて第五章で取り上げることにし、ここでは事実関係のみ

をまとめておく。義信の幽閉処分は解除されず、そのまま永禄十年（一五六七）十月十九日に死去した。死因については、自害と記すものがみられるが（「武田源氏一流系図」山6下・七四二など）、義信葬儀の際の東光寺説三による掛真香語（「頌文雑句」二）には、幽閉中に病気になり、死の直前に謹慎を解除され、そのまま死去した、と記されている（磯貝前掲書二三九頁参照）。

とはいえ、法語の文章であるから、故人の名誉に配慮したとも思われるが、わざわざ自害だったものを、病死とするというのも考えすぎのように思われる。何よりも幽閉から二年が経ったあとで、わざわざ自害したり、自害させたりするということは、考えがたい。むしろ法語の通りに、病死だったとしたほうが自然と思われる。ただし、自害説が複数みられることからすると、周囲においてはそのように理解した向きがあったことは確かなのだろう。

ともあれ、義信は幽閉処分を受けたまま死去した。妻の嶺寒院殿については、実家の今川氏真《うじざね》から駿河への帰還要請が寄越された。信玄はそれには否定的だったが、北条氏康・氏政父子の仲介により、氏真から同盟継続の起請文を取ることで、嶺寒院殿の帰国を受け容れることにした。そうして彼女は、翌永禄十一年（一五六八）二月に、北条領国を経由して駿河に帰国したとみなされる。

義信と彼女の間には、娘が一人生まれていたらしい。諸系図には娘が一人いたことが挙げられていて、彼女に伴われて駿河に移住したことが記されている（「武田源氏一統系図」山6下・七二一など）。

しかし、その後の動向は全く不明である。嶺寒院殿は、その後は兄の今川氏真に従って行動し、慶長十七年（一六一二）八月十九日に死去して、法名を「嶺寒院殿松誉貞春禅定尼」といった（「北条家過去帳」杉山博『北条早雲』所収・一一八頁）。あるいは「嶺松院殿栄誉貞春大姉」といったとされる（「万昌院過去帳」『今川氏と観泉寺』七四頁）。

次男・武田竜宝（海野信親）

三条殿の子供であることについては、「（義信）同母」（前出「円光院武田系図」）などとあることにより、確かとみなされる。天文十年（一五四一）生まれで、これは歿年齢からの逆算による。忌日については諸説が存在するが、武田家滅亡の際の天正十年（一五八二）三月七日に、織田軍が甲府に侵攻したことに伴って自害させられたことが「信長公記」に記されており、これが最も確実とみなされる。そのほかには、三月十一日、十九日、二十一日、二十九日死去などの所伝があるが、武田家滅亡時の死去だったことは共通している。ちなみに、菩提寺の甲府入明寺《にゅうみょうじ》では三月十一日と伝えている。

歿年齢については入明寺の所伝にしかなく、四十二歳とある（「第九世武田信典公時代勧化序」村松志孝編『武田家と入明寺』六五頁）。法名は「長元院殿釈離潭竜宝大居士」とされる（「武田家歴代法諱」同前書六一頁）。歿年齢については他の所伝がみられないので、これを尊重して生年を推定しておくしかない。また法名については、甲府大泉寺《だいせんじ》では「浄居寺殿竜宝離潭大居士」とされ（「甲斐国志」引用・

大泉寺位牌）、米沢武田家では「長禅寺殿隆宝如月居士」とされている（「（米沢）源姓武田氏系図」）。

なお、生年については別の所伝があり、「甲陽日記」の天文十六年（一五四七）四月二十九日条には「二男聖導誕生」と記されていて（山6上・九〇）、天文十六年生まれとしている。「甲陽日記」の記載なので、単純にみれば史料性は高いと判断すべきであるが、その場合、竜宝は信玄の四男勝頼よりも年少になってしまう。竜宝は勝頼より年長であり、何よりも信玄の「次男」と明記されているから（戦武五一〇）、生年については歿年齢からの逆算による、天文十年説をとっておきたい。天文十六年説は何らかによる誤伝とみなされる。その場合、四月二十九日の誕生日は、天文十年におけるものとみることもできるかもしれない。

竜宝は幼名を「聖導」といった。「予（信玄）次男小字（幼名のこ

武田竜宝の墓（山梨県甲府市、入明寺）

海野家系図

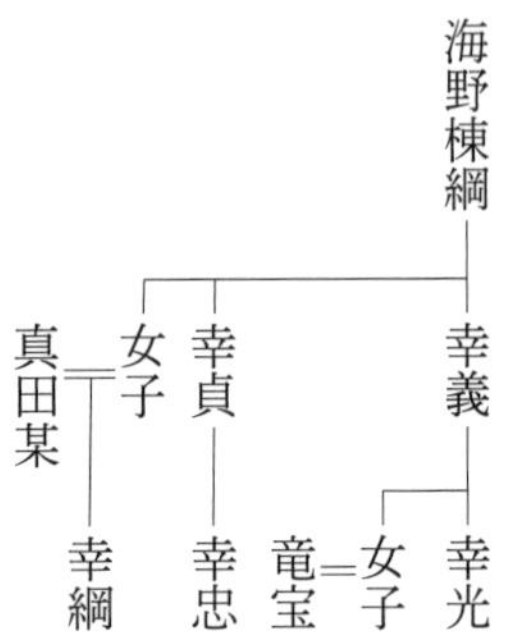

と）聖導と号す」とある（戦武五一〇）。そのため、その後も「御聖導様」と称され、それは天正元年（一五七三）まで確認されている（戦武二一九七）。弘治二年（一五五六）秋に疱瘡《ほうそう》を煩い、それにより失明してしまった（戦武五一〇）。この時、十六歳になっていたが、幼名で記されているので、まだ元服していなかったとみなされる。それから死去までの動向については、ほとんど不明である。信玄の晩年時には、「御しやうどう様衆」三十騎を編成していたとみられ（「甲陽軍鑑」巻八・前出刊本一八〇頁）、その状況は天正元年まで確認できる。

　時期は判明していないが、信濃小県《ちいさがた》郡の国衆・海野《うんの》家を相続したことが伝えられている。「円光院武田系図」に「海野二郎」とあり、「武田源氏一統系図」（山6下・七二二）にも「海野殿と号す」とあるので、海野家継承は確かなこととみなされる。さらに「白鳥神社海野系図」（『真田氏史料集』二〇頁）には、海野幸義《ゆきよし》の娘について「武田竜峯妻」と記されており、その娘婿になったことが確認できる。海野幸義は、海野家嫡流で天文十年に戦死している人物である。竜宝はその遺女と結婚することで、海野家の婿養子として、その家名を継承したとみなされる。

　実名も伝えられていて、「信親」とする所伝がある（「武田家歴代法諱」）。菩提寺の所伝にすぎないが、

「海野二郎」の仮名を称したことがうかがわれることからすると、盲目ながら元服して、仮名二郎・実名信親を名乗り、さらに海野家を継承して海野名字を称したことは、信じてよいと考えられる。この海野家継承が、「御聖導様」と称された時期よりも前か後か、が問題となるが、いずれであったのか簡単には断定できない。「甲陽軍鑑」は、海野家相続を永禄四年（一五六一）のこととしていて、信玄晩年時に「後は海野が跡を進上成さるべく候儀也」と、のちに海野領を上表したことを記している。

ただ、あとで取り上げる三男信之に関する動向を考慮すると、天文二十一年（一五五二）以前に、海野家の婿養子となることが取り決められていた、と考えることができるように思う。信之は同年に、武田家御一門衆の家督を継承したと考えられ、その時点で竜宝はまだ失明していなかったから、信玄子息による継承が必要であれば、まずは竜宝があてられたに違いない。そうならずに、より幼少の信之が継承することになっているのは、それ以前に竜宝の海野家継承が、すでに取り決められていたからとしか考えられないだろう。

そうすると竜宝は、天文二十年（一五五一）には海野家継承が予定された可能性が高い。その場合、その前年に武田家は、旧海野領の砥石《といし》城（長野県上田市）を攻略し、旧海野領を経略していることが注目される。海野領経略に伴い、海野家一族や家臣が同領に復帰しているので、それにあたって本家である海野家の再興が考えられ、竜宝を前代当主の幸義の娘婿として継承させることになったのではないか、と考えることができるように思う。

とはいえ、天正元年までは幼名で称され続けており、その立場をどう理解したらよいのか、正直いって判断を難しくする。その時まで幼名で呼称されているということは、まだ元服や出家もしていなかった可能性を想定させるし、元服や出家をしていたら、それに伴う通称で呼ばれると思われるからである。本来、幼名での呼称と海野家の継承は両立し得ないが、竜宝の場合は、幼名が通称として通用していたと考えるしかないのかもしれない。

また、出家したことは確かだったとみなされ、諸史料で法名は「竜宝」「竜芳」などと表記される。「信長公記」には「隆宝、是はおせうどう事なり」（山6下・二九四）とあるので、「りゅうほう」の法名を称したことは事実とわかる。ここでは「竜宝」の表記をとっておくことにしたい。さらに法名については、先に記した以外にも所伝がある。信玄の七周忌法事（天正四年〈一五七六〉）の法語には「如月」とあり（「天正玄公仏事法語」山6上・二六二）、江戸時代前期の「信松院百回会場記」（「新編武蔵国風土記」巻一〇一所収・雄山閣本刊本五巻一六一頁）には「了義」とある。このことからすると、竜宝はいくつかの法名を有していたのだろう。なお、甲府長延寺《ちょうえんじ》の実了《じつりょう》師慶《しけい》の弟子になり、長延寺に住したとする見解があるが（佐藤八郎『武田信玄とその周辺』）、明確な根拠はみられないように思う。それは子の顕了道快《けんりょうどうかい》との混同によるものだろう。

子供については、甲府長延寺の住持になった顕了道快の存在が、「武田源氏一流系図」や「大聖寺甲斐源氏系図」（山6上・五二六）などにみえている。天正二年（一五七四）の生まれとされ、実名を「信道」を名乗ったこと、慶長十九年（一六一四）に大久保長安《ながやす》事件に連座して処罰され、翌元和元年（一六一五）に伊豆大島に配流され、寛永二十年（一六四三）三月五日に七十歳で死去したこと、などが伝えられている（村松前掲編書、渡辺世祐『武田信玄の経綸と修養』、佐藤前掲書参照）。ちなみにその子孫が、やがて江戸幕府から赦免され、さらに幕府高家《こうけ》に取り立てられるのである。

ただ、この顕了道快の出自と生年に関しては、別の所伝がある。すなわち、信玄の七男信清《のぶきよ》の長男とするもので、そこでは母は長延寺の実了師慶の娘、天正十年（一五八二）生まれ、とされている（「（米沢）源姓武田氏系図」）。もっとも、道快の生年は、歿年齢からの逆算で天正二年が正しいとみなされる。逆に母について、実了師慶の娘というのは、むしろ竜宝の子に相応しい。したがって、米沢武田家におけるこの所伝は、何らかの錯誤によるとみなしておきたい。またこれにより、竜宝が長延寺の実了師慶の娘と結婚し、道快が生まれたことが知られる。

竜宝の子供については、そのほかにも所伝がある。まず「信松院百回会場記」に、次男（「了義公次男」）が妹松姫（信松院《しんしょういん》）の庇護を受けたことがみえている。次男とあるので、道快の弟とみてよいだろう。具体的な動

武田竜宝関係系図

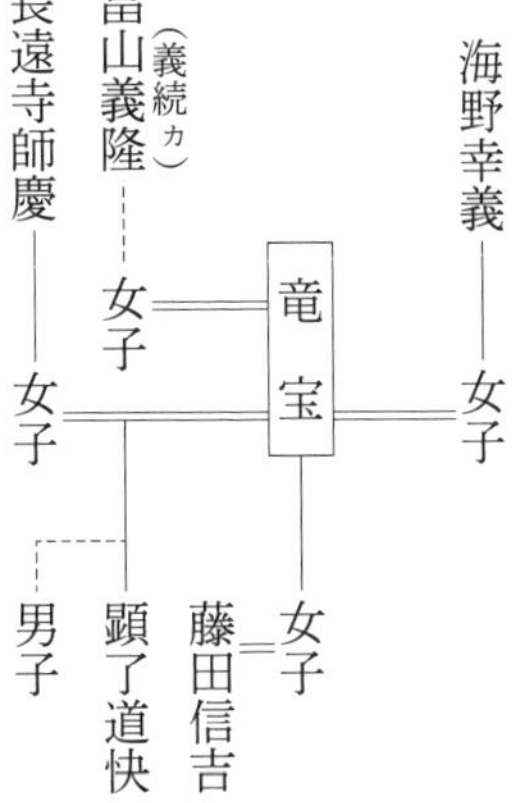

向は全く不明だが、江戸時代前期まで生存したことは確かなようである。また、娘の存在が所伝されていて、天正八年（一五八〇）に、武田勝頼の養女とされたうえで、上野沼田領の国衆・藤田信吉《のぶよし》と結婚したことが伝えられている（「管窺武鑑」志村平治『藤田能登守信吉』三七頁など）。このことについて、いまだ他史料で検証されてはいないようだが、貴重な所伝といえ、今後そのことが確認されることを期待したい。

さらに、今後における検証が必要な事柄として、竜宝の妻に関する所伝がある。それは、能登畠山義隆《よしたか》の娘が、竜宝の妻になったという所伝である。これは、江戸時代の米沢上杉家の家臣・米沢畠山氏の所伝だが、畠山家の系譜関係に混乱がみられるため、事実関係の確定は難しいように思える。結婚が事実とすれば、天正六年（一五七八）の甲越同盟成立に伴うものと考えられており、竜宝の政治的地位を考えるうえで重要な要素をなすことになろう。もっとも、竜宝の妻となった人物については、慶長十七年（一六一二）六月十一日死去、法名「興雲院殿桂月宗昌大禅定尼」と伝えられているらしく、一定の確かな所伝の存在をうかがわせる（志村平治『畠山入庵義春』一七・一〇九頁など）。もしこれが事実であれば、竜宝には、海野幸義娘、長延寺の実了師慶の娘、畠山氏（義続《よしつぐ》の可能性が高いらしい）娘の三人の妻がいたことになる。

このようにみてくると、竜宝については、いまだ検証すべき事柄が多く残されていることがわかる。今後さらに検討を進めていく必要があるだろう。

長女・北条氏政妻（黄梅院殿）

三条殿の子供であることを明記している史料はみられない。しかしながら「武田源氏一統系図」「武田源氏一流系図」「卜部本武田系図」「古浅羽本武田系図」「両武田系図」（前出『群書系図部集』所収）などにおいては、一様に信玄の長女に位置づけられている。しかも、「武田源氏一流系図」にはわざわざ「皆姉也」と、長女だったことが記されており、戦国大名の北条家に嫁いでいることから、正妻の三条殿の子供とみなしてよいと考えられる。また、信玄が「嫡女北条氏政簾中」（戦武補遺二一）と、わざわざ嫡女と記していることは、その傍証になろう。なお「円光院武田系図」では、妹の木曾義昌妻と共に、信虎の娘の位置に記されているが、これは単純な錯誤によるものだろう。

天文十二年（一五四三）生まれで、これは歿年齢からの逆算による。忌日は永禄十二年（一五六九）六月十七日で、法名を「黄梅院殿春林宗芳大禅定尼」といった（前出「北条家過去帳」）。歿年齢については、「武田源氏一統系図」「武田源氏一流系図」に「廿七歳ニテ逝去」などとあり、情報は共通している。そのため、歿年齢については信用してよいと考えられ、それに基づいて逆算すると、生年は天文十二年となる。

天文二十年（一五五一）七月に、駿甲相三国同盟交渉の一環で、相模北条氏康の嫡男・新九郎氏親《うじちか》（天

黄梅院殿の墓（山梨県甲斐市、黄梅院）

用院殿）との婚約が成立したとみなされる（「甲陽日記」山6上・九五）。わずか九歳でのことになる。しかし、婚約者の北条氏親は、翌二十一年三月二十一日に十六歳で死去してしまった。そのため、改めて氏康の次男氏政（一五三九～九〇）との婚約が進められ、天文二十二年（一五五三）正月十七日に、北条氏康から信玄のもとへ婚姻に伴う起請文が届けられた。それを受けて二月二十一日に、信玄から氏康に起請文が出された。内容は、天文二十三年（一五五四）に輿入れさせることを約束するものだった（同前九八）。

婚儀は、天文二十三年十月に行われる予定だったらしく、信玄は九月二十六日、「小田原祝言」のために、出陣していた信濃から帰国している（戦武四一四）。ところがこの時、北条家では前古河公方《こがくぼう》足利晴氏《はるうじ》の叛乱事件に対処していて、十月四日に晴氏が在城していた下総古河城（茨城県古河市）を攻略している。その後も与同勢力の制圧が進められたため、婚儀は延期されたとみなされる。そして十二月に婚儀が行われた。武田家からの婚姻行列は、輿十二丁、供奉は三千騎・一万人・長持四十二丁という大規模なものだったという（「勝山記」山6上・二四二）。黄梅院殿《おうばいいんでん》はまだ十二歳、夫の氏政は四歳年長の十六歳だった。

黄梅院殿関係系図

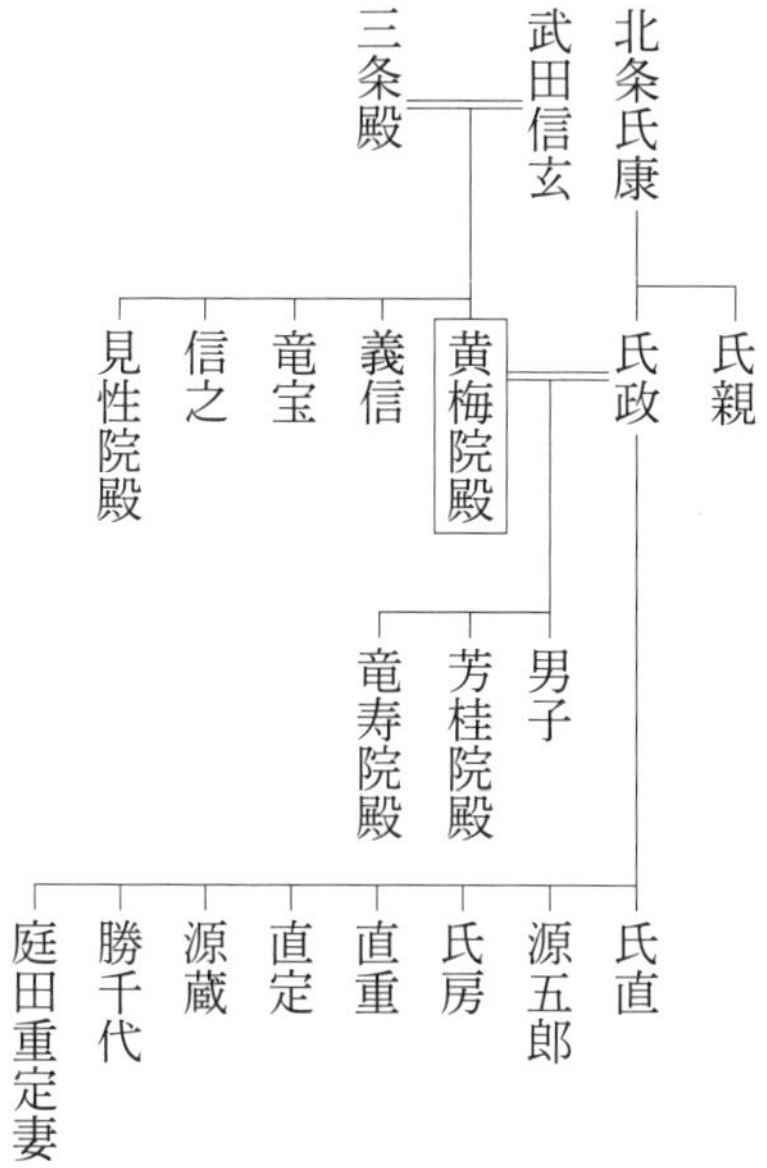

北条家では、初め「小田原南殿」と称されていたが（戦武六五五）、夫の氏政が永禄二年（一五五九）十二月に北条家当主となってからは、「御前様」と称された。氏政との間には、四人の子供が生まれたことが推定される。結婚の翌年の弘治元年（一五五五）十一月八日に、

此の年相州の新九郎殿（北条氏政）、霜月八□□□（日に御）曹子様をもうけ給う、甲州の晴□□□（信様の）御満足大慶此の事に候、

と、男子を出産している(「勝山記」山6上・二四三)。これに信玄は大喜びしたという。しかし、そのあとでこの子に該当する氏政の子はみられないので、この時の子は早世したとみなされる。

次いで弘治三年(一五五七)十一月に懐妊が確認され、信玄が甲斐郡内領の御室浅間社《おむろせんげんしゃ》に安産を祈願している(戦武五七九)。

敬白願書意趣者、

晴信息女北条氏政妻、当産平安無病延命、則ち来る歳戊午(永禄元年)夏六月より、長く船津の関鎖を抜くべし、此の乗士峰菩薩願穀、如意満足疑い有るべからざる者也、急々如律令、

時に弘治三暦丁巳

冬十一月十九日　大膳大夫兼信濃守晴信(花押)

南無富士浅間大菩薩

この時に誕生したのは、氏政の長女・芳桂院殿《ほうけいいんでん》(千葉邦胤《くにたね》妻)と推定される。この時の安産祈願にあたっては、河口湖近くにあった船津の関所(山梨県富士河口湖町)を停止することを約束している。

次いで永禄三年(一五六〇)七月に懐妊が確認され、信玄が近江多賀大社《たがたいしゃ》に安産を祈願している(戦

武補遺二一）。

敬白願状

武田信玄嫡女北条氏政簾中也、今茲に秋の仲懐産の幾萌也、此れに依り先ず祝祭を暢ばす矣、多賀大明神を持つは、攘異の霊社也、就中能く人の命を済ます、粤《ここ》に即ち息女の産出平安を護りて、寿百歳を授与せしめ、則ち近年献納の外、毎年黄金五両ずつ重ねて奉納すべき者也、仍って祈願の旨件の如し、

永禄三年庚申

七月吉日　徳栄軒（花押）

奉納多賀大社大明神宝殿

この時の安産祈願は、遠く近江の神社に対して行っており、毎年黄金五両の奉納を約束している。産まれてくる子に「百歳」の長寿が与えられることを祈願しているあたりに、産まれてくる子の無事と、おそらくは男子の出生を切に願っていた様子をうかがえるだろう。しかしこれについても、そのあとでこの子に該当する氏政の子はみられないので、出産には至らなかったか、出産したとしても早世したとみなされる。信玄の切実な願いは、残念ながら叶わなかった。

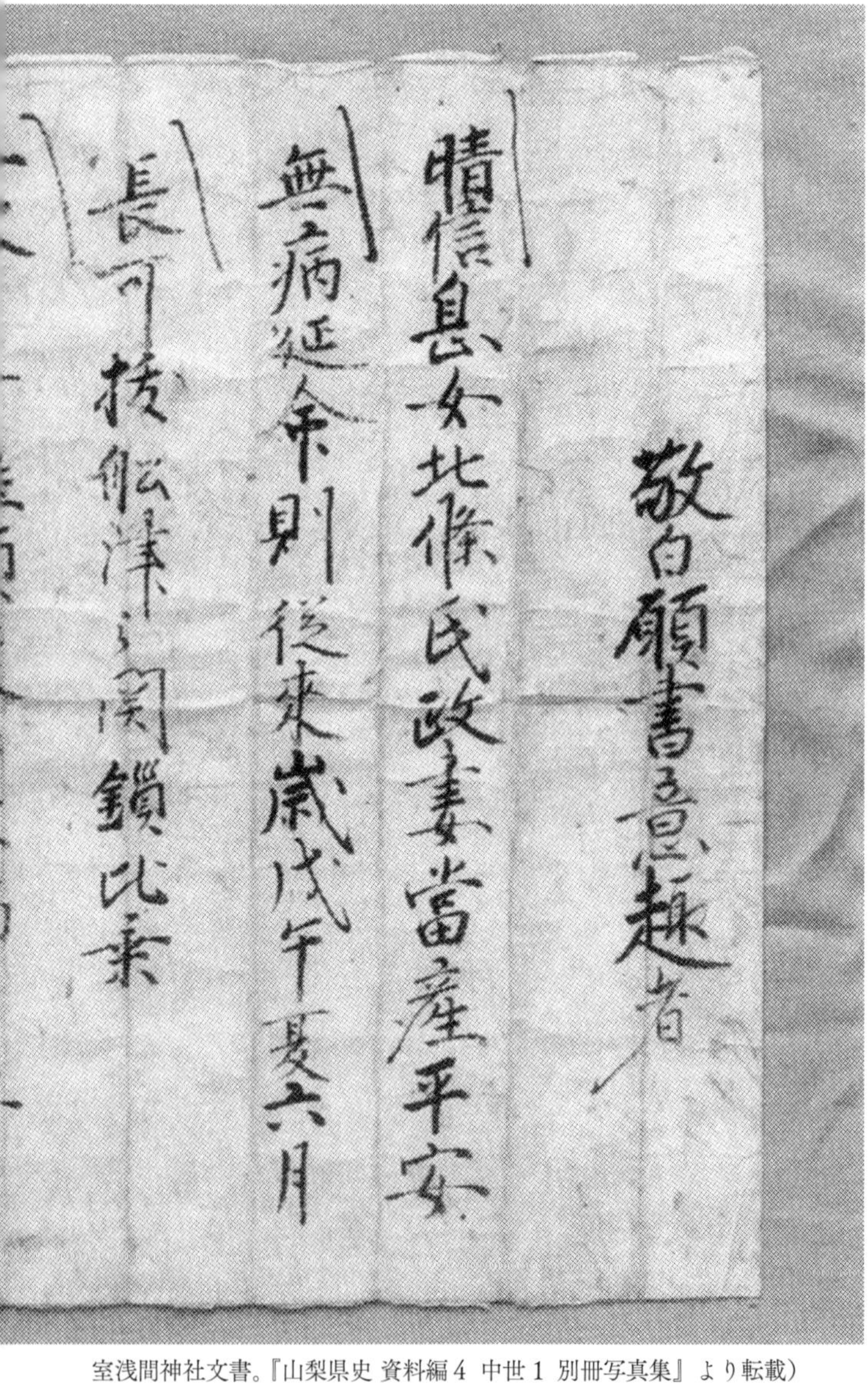
敬白願書意趣者
晴信息女北條氏政妻當産平安
無病延命則從來歳戊午夏六月
長可披船津之關鎖

室浅間神社文書。『山梨県史 資料編4 中世1 別冊写真集』より転載）

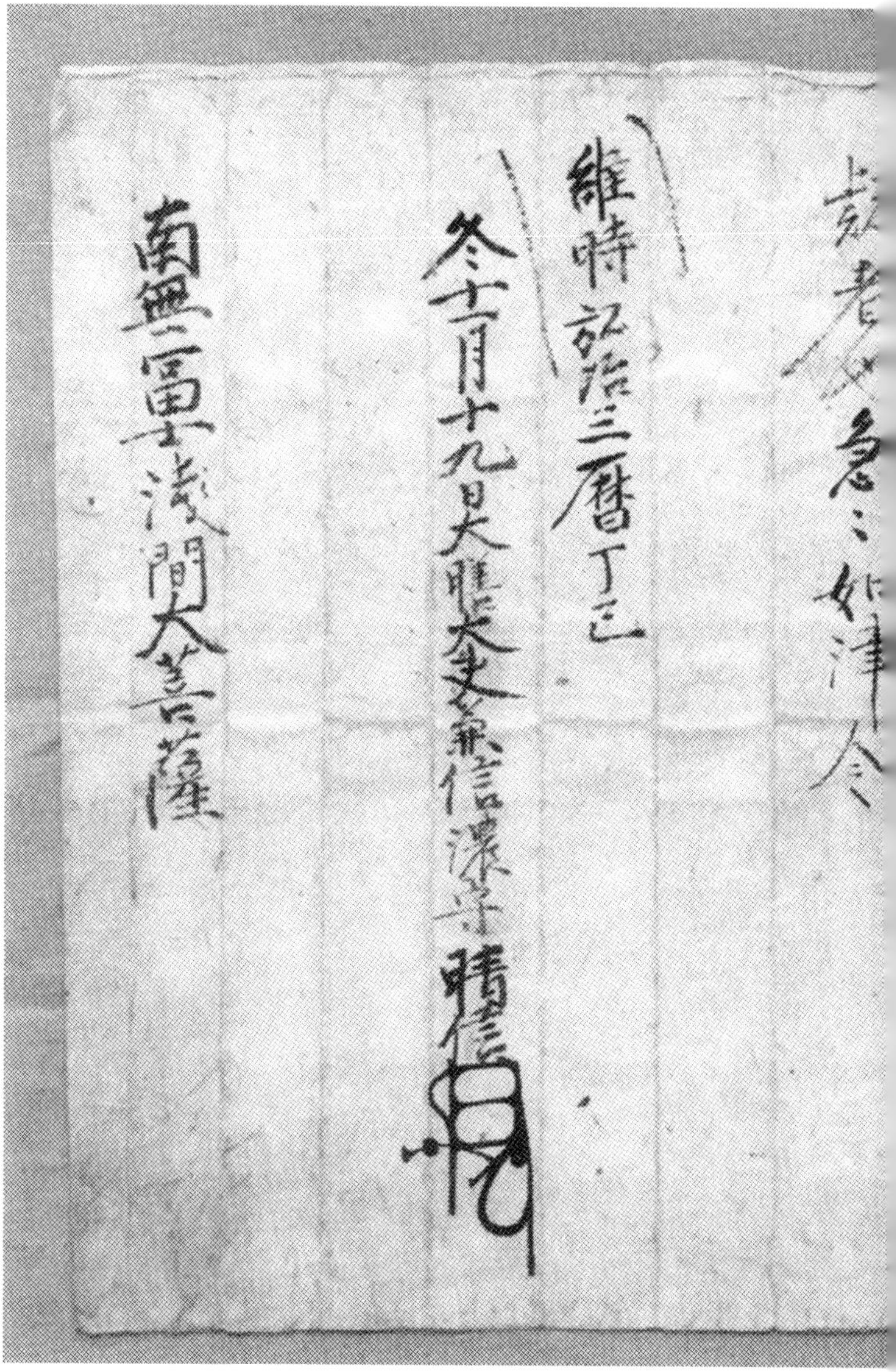

弘治3年11月19日付け武田晴信願文（山梨県富士河口湖町・冨士御

そして、しばらく間があって、永禄九年（一五六六）五月に懐妊が確認され、やはり信玄が御室浅間社に安産を祈願している（戦武九九二）。

信玄息女北条氏政簾中也、今時当妊懐の気に候、来る六・七月の頃托胎必然か、闕期に臨んで産は平安にし、子母共毫末の禍機無くんば、富士浅間の神功に帰す、若し夫れ禱祝し不空にす、中宮の室において一百衆の桑門を集めて、法華経王を読誦せしめ、しかのみならず神駒を奉納すべき矣、感応の一件日を刻んでこれを竢つ、仍って願状敬白、

徳栄軒

永禄九年丙寅五月吉日　信玄（花押）

奉納浅間大菩薩御宝前

この時に誕生したのは、氏政の次女・竜寿院殿《りゅうじゅいんでん》（里見義頼《よしより》妻）と推定される。この願文《がんもん》では、何らかの約束を示していないところが興味深い。なかなか男子が生まれず、また産まれた子が無事に育っていないという事情から、信玄は神への約束を控えたようにも感じられる。

ともあれ、黄梅院殿の子供として確認されるのは以上であり、無事に成長したのは長女と次女の二人にすぎなかった。黄梅院殿の出産は、十三歳から二十四歳に及ぶものとなっていた。ちなみに通説

では、江戸時代の所伝によって、黄梅院殿は、氏直・氏房・直重・直定らの母だったとされていたが、それらは誤りであることが判明している（拙著『北条氏政』『戦国大名・北条氏直』）。したがって彼女には、無事に成長した氏政の男子はいなかったと考えられる。結局、信玄があれほど望んでいたにもかかわらず、男子の誕生はなかったのである。

永禄十一年（一五六八）十二月に、信玄の駿河侵攻によって駿甲相三国同盟は崩壊し、武田家と北条家は抗争関係となった。かつては、これに伴って黄梅院殿は離縁となり、甲斐に帰国したと考えられていたが、近年になって見直しが行われ、離縁はなく、死去まで北条家にあったと考えられるようになっている（浅倉直美「北条氏政正室黄梅院殿と北条氏直」）。そして黄梅院殿は、武田・北条両家の抗争が開始されてから半年後に、死去してしまった。

三男・西保信之

信之については、当時の史料でその存在を確認することはできず、諸系図に記載があるにすぎない。しかし諸系図に、ほぼ一様に記載されていることからすると、その存在は信じてよいと考えられる。「円光院武田系図」には、竜宝に次いで記載され、「西保三郎、（義信）同母」と記されている。仮名は西《にし》保《ほ》三郎を称したことが伝えられている。そして「同母」とあるので、義信・竜宝の同母の弟だったことがうかがわれる。これらにより、信之も三条殿の子供とみなしてよいだろう。

実名の「信之」は、「卜部本武田系図」「古浅羽本武田系図」などにみえているだけで、「円光院武田系図」など、ほかに信之の存在を挙げているものにはみえていない。しかし、仮名は三郎を称したとされているから、元服していたと想定できるので、実名を名乗っていて当然になる。もっとも、「卜部本武田系図」には「十歳而死」、「古浅羽本武田系図」には「十歳ニテ早世」、と記されていて、わずか十歳で死去したとされている。十歳といえば、いまだ元服前なのが通例なので、やや矛盾を感じるが、仮名と実名が所伝されているので、元服していたとみなさざるを得ない。もしかしたら歿年齢は、正しくは十数歳、あるいは二十歳であり、記載の過程で脱落された可能性もあるが、ここでは所伝に従って、さしあたりは十歳での死去と理解しておくことにする。

問題はその生年であるが、推測の糸口はある。仮名は三郎を称したとされているので、信玄の三男だったと理解される。そのため天文十五年（一五四六）生まれの四男勝頼よりも早い生まれだったと考えられる。三条殿はそれまで、天文七年（一五三八）に義信、同十年（一五四一）に竜宝、同十二年（一五四三）に黄梅院殿を産んできていた。出産はおよそ二、三年おきに行われるのが通例とみられており、それに照らしてみると、天文十四年（一五四五）の生まれを想定できる。しかもこれなら、勝頼よりも早い生まれという条件も満たすことができる。

生まれ年を確定することはできないが、兄弟姉妹関係の在り方、三条殿の出産状況から推測すると、天文十四年生まれと推定することはできる。そのうえで、十歳で死去したというから、その死去は天文二十三年（一五五四）のことになろう。なお、もし歿年齢に脱落があったとすれば、その分、歿年は後ろにずれていくことになる。仮に元服年齢に相応しい十五歳まで存命していたとすれば、早くて永禄二年（一五五九）、遅くても同六年（一五六三）の死去だったと推測される。また、二十歳だったとすれば、永禄七年（一五六四）での死去ということになる。

信之の政治的位置については、丸島和洋氏の追究がある（「武田家臣「三郎殿」考」）。それによれば、天文十年から同二十年にかけて、武田家の有力御一門衆として、安田家の家名を継承する「武田三郎義信」が存在していたこと、信之の拠点とみなされる西保は、安田氏の祖である安田三郎義定《よしさだ》の所縁の地であるから、信之は安田武田家の家名継承を予定された存在だったこと、そして信之の死去により安田武田家の家名は断絶し、そのあとに勝頼の代となって、末弟信清《のぶきよ》に相続させて再興された、とする。妥当な理解である。

このことを踏まえれば、信之の元服は、天文二十年を終見とする「武田三郎義信」の家督を継承するためのもので、あえて十五歳以下で行われた、という推測もできるかもしれない。いずれにしても、信之は少なくとも天文二十三年までは存命していたと推定される。その場合、天文二十一年（一五五二）九月に、

（八月）廿七日丁丑、府中の新屋敷の地形・屏普請始む、
（九月）十六日丙申、十一蔵建つ、上段の間の柱立て、厩の柱一本立つ、西保衆帰し候、

と、甲府の新屋敷普請から帰郷を認められているものとして「西保衆」があり（「甲陽日記」山6上・九七）、これは信之の家臣団と考えられる（丸島和洋「武田信之」『武田氏家臣団人名辞典』）。さらに同年十二月、

十四日、高井帰府、野村兵部介《勝政》西保の諸役の義、赦免申し上げ候、御納得、
廿五日土用、西保の諸役御免を被り、萩原すとう質物を取り候間、御小人藤四郎申請す、左衛門五郎指し副え、質物取り返し候、

と、武田家臣の野村勝政から西保について諸役免除が申請され、信玄はそれを承認している（同前九八）。これは信之の本領であることによるとも考えられ、また申請を行った野村勝政は信之付き家臣だった可能性を想定できるかもしれない。

信之は、有力御一門衆の安田武田家の家督を継承したものの、早世してしまった。系図史料にみえる「十歳」での死去であれば、それは天文二十三年のことと推定される。記載に脱落があったとして

も、永禄七年までに死去していたことは確実である。なぜなら、永禄七年からは、有力御一門衆として弟勝頼と従弟（信玄の弟信繁の長男）信頼《のぶより》の動向がみられるようになっているからである（丸島和洋「諏方勝頼・望月信頼の岩櫃在番を示す一史料」）。もし、信之がそのまま生存を続けていたら、間違いなく御一門衆筆頭に位置したことだろう。そして、長兄義信の廃嫡があった時には、信之が後継の嫡男に位置したに違いない。そう考えると、信之の早世は、その後の武田家の在り方に計り知れない影響を与えるものだった、と認識される。

次女・穴山武田信君妻（見性院殿）

三条殿の子供であることについては、諸系図での記載として、わずかに「（米沢）源姓武田氏系図」で「母（義信）同前」とみえているにすぎない。しかし諸系図において、ほぼ一様に次女として記載されていることから、三条殿の子供とみなして間違いないと判断できる。さらに、円光院説三による信玄十三回忌（天正十三年〈一五八五〉）法語には、母が「三条氏」であることが記されているという（広瀬前掲書二二四頁）。ただし、該当史料については、現在は確認できていない。そのため、広瀬氏の研究を信用するしかない。

生年については判明していない。しかし、ここまでみてきた三条殿の出産状況をもとにすれば、信之の誕生から二年後頃のことと推測され、すなわち天文十六年（一五四七）くらいの生まれと推定することができる。夫の穴山武田信君《のぶただ》は、武田家の有力御一門衆で、天文十年（一五四一）生まれ、信玄の姉（信虎の次女）・南松院殿《なんしょういん・でん》の所生なので、いとこ同士での結婚だった。ここでも次女である見性院殿が同家に嫁していることをみると、その関係を再生するものとみなされ、それだけ同家の存在が重視されていたことがわかる。

なお、江戸時代前期成立の徳川家関係史料では、勝頼の姉とする所伝がある。「当代記」には「陸奥守（穴山武田信君）妻〈信玄女、勝頼姉〉」とあり（『史籍雑纂第二』四〇頁）、『三河物語』にも穴山武田信君について「勝頼之ために八姉婿」と記されている（『原本三河物語　研究・釈文篇』一八七頁）。これらによれば、見性院殿は勝頼の姉ということになるが、これまで取り上げてきた兄弟姉妹の動向をもとにすると、ただちに従うことはできない。

黄梅院殿の妹が勝頼よりも早い誕生だったら、それは天文十四年（一五四五）の生まれしか想定できない。しかしその年は、兄信之の誕生年としか想定できないので、見性院殿が勝頼より早く誕生する余地は見出せない。そのため、それらの記載は正確ではないと判断される。ただし、そのような認識があったとすれば、それは見性院殿が嫡出子で、勝頼が庶出子だったために、見性院殿の政治的地位が上位にあったと認識されていたことが考えられる。これは嫡出子の政治的地位の高さを示す事例と受けとめられよう。

また、結婚の時期についても判明していない。姉の黄梅院殿が十二歳で結婚しているので、同じ十二歳のこととみると、永禄元年（一五五八）頃にあたる。その年の閏六月まで、信君の父信友《のぶとも》が穴山武田家の当主としてみえているが（戦武五九六）、十一月には信君が当主としてみえるようになっていて（戦武六〇七）、その間に信君が家督を相続したことがうかがわれる。あるいは、それは見性院殿と

穴山武田信君肖像（東京大学史料編纂所所蔵模写）

の結婚に伴うものだったかもしれない。その後の穴山武田家においては、「内方」（戦武三五八八）「御裏」（戦武三五九九）と称されている。

南松院殿肖像（東京大学史料編纂所所蔵模写）

ちなみに、異母妹・真竜院殿《しんりゅういんでん》の婚約が弘治元年（一五五五）に成立したことが伝えられており、それが事実であれば、信君との婚約はそれより以前に成立していたことが推測できる。姉の黄梅院殿が九歳で婚約しているから、それに照らせば、八歳の時の天文二十三年（一五五四）には婚約した可能

見性院殿関係系図

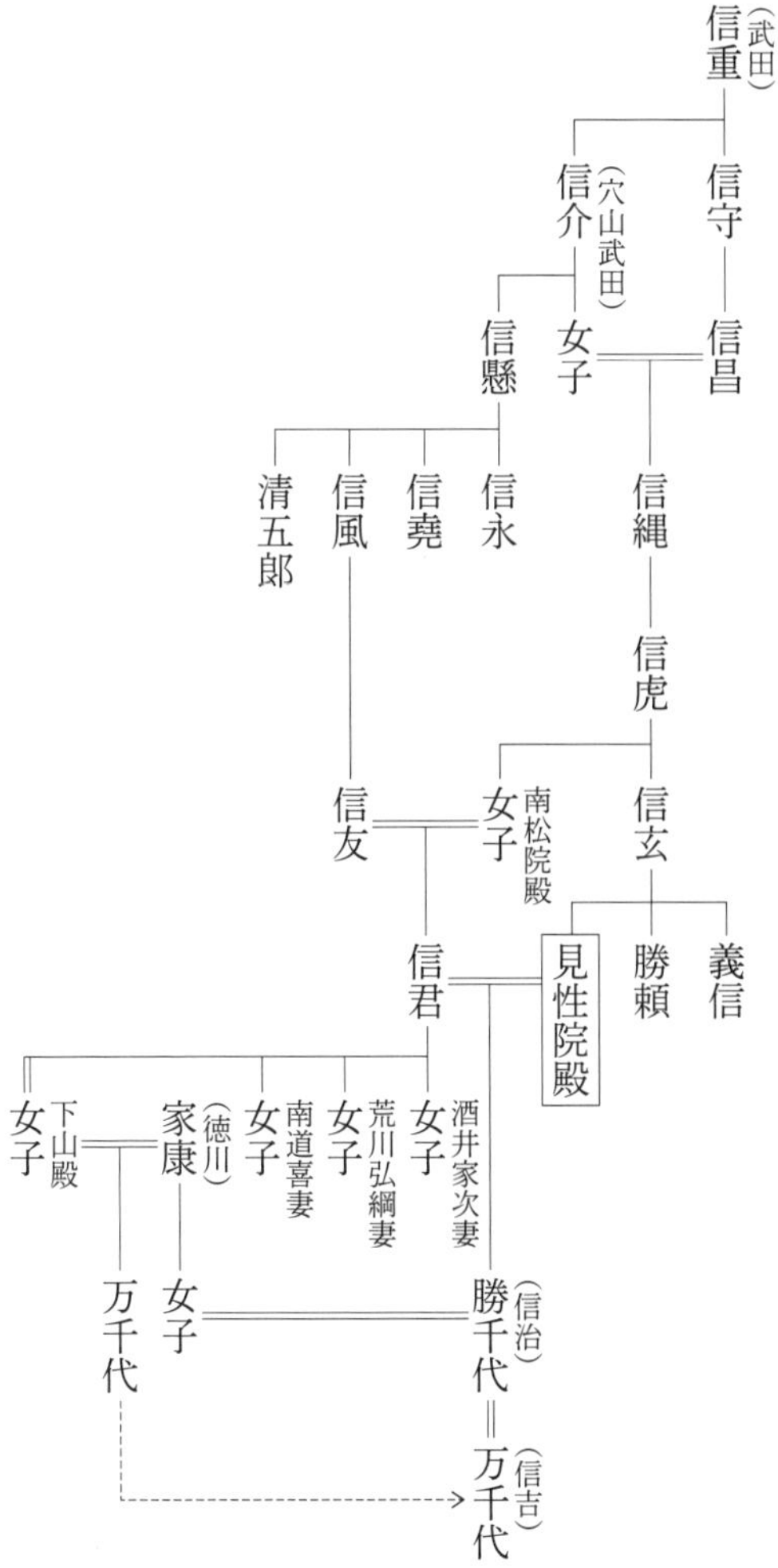

性も想定できるだろう。

見性院殿の子供として確認できるのは、嫡男の勝千代（「武徳編年集成」二四では、実名は信治と伝えられる）のみで、元亀三年（一五七二）生まれである。見性院殿はおよそ二十六歳であり、この年齢からみると、勝千代以前に産んだ子がいた可能性は高いだろう。一方、信君の娘としては、現在のところ、四人の存在を知ることができる。

一人は、天正三年（一五七五）十二月一日に死去した延寿院日厳である（「甲斐国志」九八引用「身延過去帳」）。「梅雪（信君の斎号）ノ娘」と記されているという。死去が成人前のことだったのか、あとのことだったのかは、ここからだけでは判断できない。

一人は徳川家康の家臣・酒井家次《いえつぐ》（一五六四〜一六一八）の妻である。武田家滅亡後、かつ信君死去後の天正十一年（一五八三）三月十七日に結婚している。酒井家次はその当時、三河吉田城（愛知県豊橋市）の酒井忠次《ただつぐ》の嫡男の立場にあり、その結婚について、

吉田（家次）酒井小五郎殿へ穴山（信君）殿娘越候、

と記されている（「家忠日記」山6下・一七五）。酒井家は家康の有力家老家だったから、その嫡男と結婚しているということは、当時の徳川家のなかで、穴山武田家の家格がかなり高く位置づけられてい

たことを示している。しかし彼女について、その後の具体的な動向は全く不明である。

一人は徳川家康の家臣・荒川弘綱《ひろつな》の妻である（「士林泝洄」三七）。荒川弘綱は、三河東条吉良持広《きらもちひろ》の弟・荒川義広《よしひろ》の子で、母は松平広忠《ひろただ》の娘であり、徳川家康の異母妹・市場姫《いちばひめ》である。家康の甥にあ

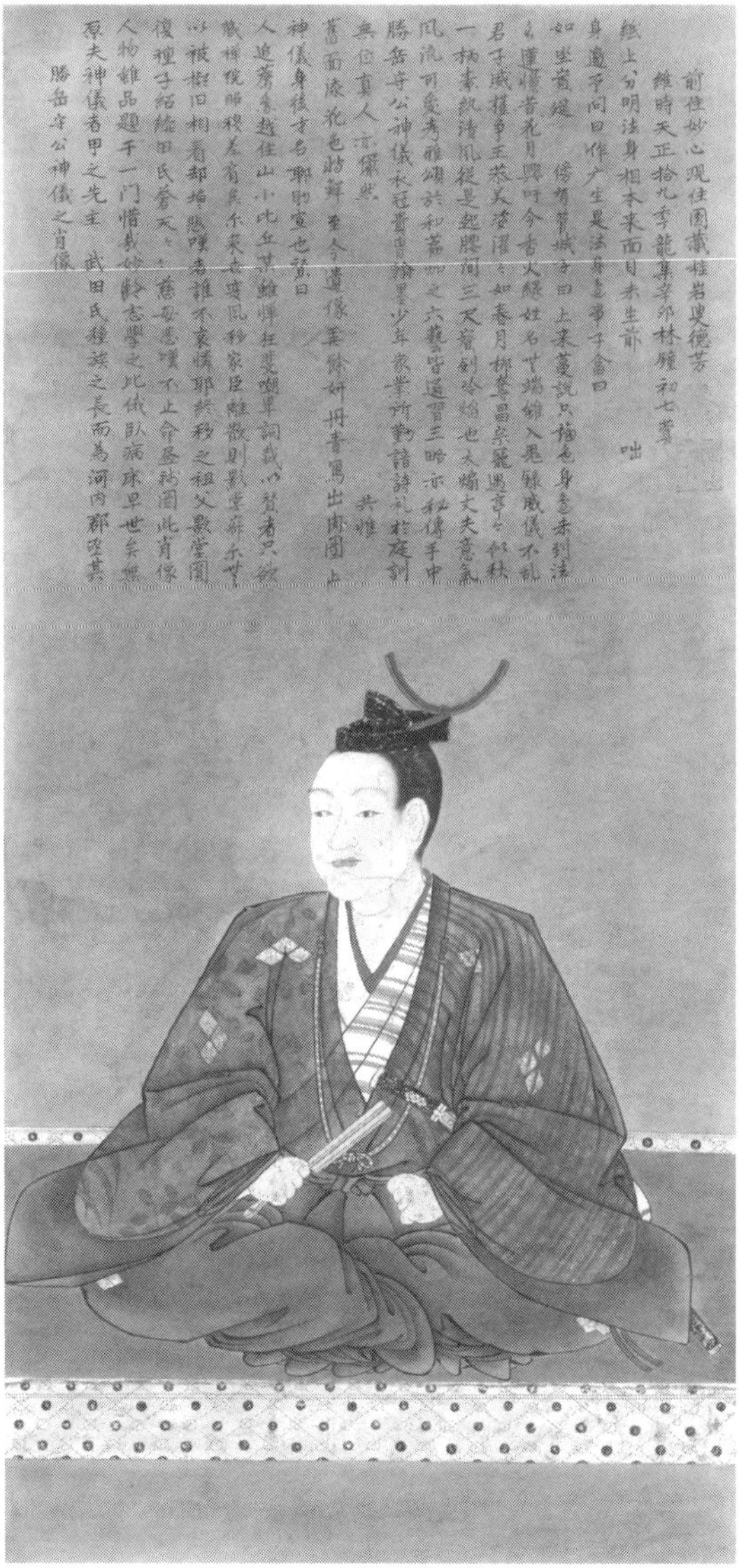

穴山武田勝千代肖像（東京大学史料編纂所所蔵模写）

たる。彼女についても、具体的な動向は全く伝えられていない。結婚の時期についても手がかりはない。しかし、それでも徳川家康の外甥という親族と結婚していることは注目してよい。ここからも、穴山武田家の家格がかなり高く位置づけられていたことが認識される。

最後の一人は、近江国志賀郡栗原村（滋賀県大津市）の地頭・南道喜の妻とされる人物である（「朝野旧聞裒藁」東照宮御事績四五八所引「慶長年録」・「譜牒余録」三六〈影印本中巻一四六頁〉）。勝千代の妹とされ、勝千代が死去したのちに南道喜と結婚し、南久左衛門が生まれ、その子が京都五条富小路通り鎰屋町居住の亀屋善兵衛で、「祖母」から伝来された勝千代宛ての家康判物を相伝しており、信君のことを「曾祖父」と表現している。しかし、夫とされる南道喜については、具体的な動向を把握することができないため、今後の調査が求められる。勝千代の妹というから、天正元年（一五七三）以降の生まれと推測される。勝千代死去時には、大きくても十五歳にすぎなかったことになろう。

信君の娘について、以上四人の存在が知られるが、見性院殿が産んだ子供かどうかは判断できない。ただ、酒井家次や荒川弘綱の家格を考えると、彼らとの結婚は、見性院殿所生の嫡出子が相応しいだろう。ちなみに、天正四年（一五七六）十月十八日に逆修している者に、「下山武田殿（信君）御蔵西雲後室」と表記される理性禅定尼という女性の存在が知られる（「成慶院武田家過去帳」山6下・九一七）。彼女は、穴山武田家の一員として逆修供養されているので、信君の別妻もしくは妾の可能性が想定される。また天正九年（一五八二）に、見性院殿に次ぐ存在として、「局」「御局」（戦武三五八八～八九）

と称される人物がみられる。これは信君の別妻もしくは妾とみて間違いなく、かつ子供を産んでいたため、そのような地位に置かれていた可能性を想定できる。信君の庶出の子供がいたことは確かと考えられる。それらの娘のいずれかは、彼女から生まれた可能性があろう。

さて見性院殿は、年齢的に考えて、勝千代以前にも出産していたことが想定される。それにあたるとみなされるのが、某年十月に信玄から安産を祈願されている「息女」である（戦武一〇三五）。

恒例の如く、御札・扇子・杉原送り給わり候、祝着に候、仍って是も毎年の儀に任せ、黄金弐両これを進らせ候、抑も息女に候者懐胎に就き、願状を奉納し候処、御祈念故を以て、平安に産し誠に本望に候、これに依り黄金五両重ねて社納せしめ候、猶客僧口上有るべく候、恐々謹言、

十月晦日　　信玄（花押）

（下欠）

従来この「息女」は、永禄九年（一五六六）五月に同様に安産祈願されている黄梅院殿のことと理解されてきた。しかし、本文書における信玄の花押型は、永禄三年（一五六〇）から同七年（一五六四）頃のものとみなされ、時期は異なっている。さらに黄梅院殿の場合には必ず「北条氏政簾中」のように、北条氏政の妻であることが記されているのに対し、この場合は単に「息女」としか記されていな

いので、別人であると考えられ、かつ身内に存在していた状況を想定できる。この時期、懐妊が可能な信玄の娘としては、見性院殿しか存在しない。したがって、この「息女」は、見性院殿のこととみてよいと考えられる。おおよそ十四歳から十八歳頃のことになる。ここでは仮に、永禄七年のこととみておきたい。

とはいえ、この時、無事に出産に至ったのかは確認できない。また、出産したとしても、その子の男女の別もわからない。しかし、これまでに得られた信君娘の情報をもとにすると、天正三年に早世した延寿院か、酒井家次の妻になった娘の可能性はあるかもしれない。前者であれば、延寿院は十二歳で死去したことになり、後者であれば、二十歳で結婚したことになる。どちらについても可能性はあると考えられる。仮に延寿院・酒井家次妻・荒川弘綱妻がいずれも見性院殿の娘だった場合、見性院殿は永禄七年、同九年から元亀元年（一五七〇）と続けて娘を産み、元亀三年になってようやく嫡男を産んだ、という経緯を推測できるように思われる。状況としては整合しており、可能性はあるように思う。

夫の穴山武田信君（出家して梅雪斎不白）は、武田家滅亡時には織田信長・徳川家康に従属し、勝頼から離叛した。その際に、甲府の屋敷に居住していた見性院殿やその子たちは、本拠の下山《しもやま》城（山梨県身延町）に帰還した。このことから、信君の離叛には見性院殿の同意があったと理解される。信君離叛の背景にあったこととして、「甲陽軍鑑」巻二〇には、嫡男勝千代の妻に勝頼娘を迎えたいと、信君から勝頼に申請があったが、勝頼がそれを拒否し、武田典厩家《てんきゅうけ》の信豊《のぶとよ》の嫡男次郎との結婚を決めたため、信君と見性院殿は激怒したことが伝えられている。それら離叛をめぐる前後の事情の詳細については、平山優氏の『武田穴山氏』を参照していただきたい。

ここで考慮しておきたいのは、武田家当主に対する、信君・見性院殿夫妻の位置である。勝千代の妻に当主勝頼の娘を迎えることについては、信友が信虎娘の南松院殿を、信君が信玄娘の見性院殿を妻に迎えてきたことからすれば、当然の成り行きだったろう。それと共に考慮しておく必要があると思うのは、見性院殿が嫡出であるのに対し、当主勝頼が庶出だったことである。勝頼の家督相続は三条殿の死後だったから、三条殿との養子縁組は行われていなかっただろう。見性院殿には、おそらく嫡出子としての自負が強くあったに違いなく、この婚姻拒否はそれを強く刺激することになったのではないか。見性院殿が信君離叛に同意した背景には、そのような事情があったように思われる。

天正十年三月の武田家滅亡後、穴山武田家は、甲斐河内領・駿河江尻領を領国とする国衆として存続が認められ、織田信長に従属し、徳川家康に与力する存在に位置づけられた。しかし、天正十年六月の本能寺の変後の混乱のなかで、信君は死去した。家督はわずか十一歳だった嫡男勝千代に継承が認められ、領国もそのまま維持されて、改めて徳川家に従属する国衆として存在した。さらに、家康の娘と結婚したという所伝がみられている(「慶長年録」首藤義之『本能寺の変と武田松姫』引用)。まだ事実として確定されたわけではないが、穴山武田家の政治的地位からすればその可能性は高く、その場合には、妻は家康三女の振姫《ふりひめ》（天正八年〈一五八〇〉生まれ）が該当するように思われる。

勝千代は元服して実名信治を名乗ったとみられるものの、天正十五年（一五八七）六月七日に十六歳で死去した。法名は「松源院殿勝岳守公大禅定門」。勝千代には子供がなかったため、見性院殿は徳川家康に、その五男万千代（満千代とも）を養子に迎えることを請うたという。万千代（実名は信吉とされる）は、信君の養女・下山殿（お都摩・妙真院、武田家臣・秋山越前守虎泰《とらやす》娘、永禄十年〈一五六七〉生まれ）から生まれた子供で、下山殿は武田家滅亡直後に、信君の養女として家康の女房衆になったとみなされる。そして、天正十一年に万千代を産んでいる。万千代はいわば、穴山武田家の外孫にあたる存在であり、家康も同家の政治的地位に配慮して、その相続を承認したのだろう。

これにより、穴山武田家の領国と家臣は万千代に継承され、引き続き自立的な領国支配が継続された。勝千代・万千代の、徳川領国のもとでの領国支配の内容やその性格については、平山氏前掲書および柴裕之氏・須藤茂樹氏の研究を参照していただきたい。天正十八年（一五九〇）の徳川家の関東転封に伴い、穴山武田家も関東に転封され、下総国小金《こがね》領（千葉県松戸市）を与えられている。天正二十年（一五九二）には同国佐倉領（同佐倉市）に転封された。同領支配についても柴氏の研究がある。なお、その間の天正十九年（一五九一）十月六日に、生母の下山殿が二十五歳で死去している。

そして慶長七年（一六〇二）に、常陸佐竹家の出羽への転封のあとを受けて、常陸水戸領に転封されるが、その翌年の同八年（一六〇三）九月十一日に二十一歳で死去してしまった。法名は「浄鑑院殿英誉錯士大禅定門」。妻は木下勝俊《かつとし》の娘だったらしいが、子供はいなかったため、穴山武田家はここに断絶し、領国と家臣は家康十男の頼将《よりまさ》（のち頼宣《よりのぶ》）に継承され、頼将が慶長十四年（一六〇九）に駿河駿府領に転封されると、家康十一男の頼房《よりふさ》に継承された。そのため穴山武田家の家臣は、その後は水戸徳川家家臣として存続している。

勝千代・万千代については、近年になって徐々に研究が蓄積されるようになっている。しかし、家臣団編成の展開など、まだ十分に解明されていない問題も残されている。さらに、勝千代が家康の娘婿となったかどうかの確定や、万千代の政治的地位などについて、今後も追究が必要な問題は多い。特に万千代については、木下勝俊娘との結婚の具体的な状況、関ヶ原合戦後に、加賀の前田利長《としなが》や会津の上杉景勝《かげかつ》と相次いで養嗣子になる案件が生じていたことから、その政治的地位については、もっと追究していくことが必要だろう。

武田家滅亡後の見性院殿の動向についても、十分な解明が行われているとは言いがたい。そのなかで、天正十三年（一五八五）に父信玄十三回忌法事を執行していることからすると（広瀬前掲書）、見性院殿が信玄の菩提を弔う役割を継承していたとみなされる。穴山武田家は、武田家時代から武田名字を称することを認められ、有力御一門衆として存在していた。徳川家のもとでも、引き続き武田名字を称した。この状況から、勝千代・万千代の存在は、武田家の正嫡の地位を占めたとみてよいだろう。

見性院殿の墓（埼玉県さいたま市緑区、清泰寺。写真提供：さいたま市教育委員会）

徳川家の関東転封後、見性院殿がどこに居住したのかは、まだ確定されていない。慶長十八年（一六一三）には、武蔵国足立郡大間木《おおまぎ》村（埼玉県さいたま市緑区）で五百石の所領を与えられていて、江戸城田安《たやす》門内の比丘尼屋敷に居住していたとされる。そして、見性院殿の動向としては、将軍徳川秀忠から庶子・幸松丸《こうまつまる》（のち保科《ほしな》正之《まさゆき》）の養育を託され、武蔵八王子（東京都八王子市）に在住の妹信松院《しんしょういん》と共に養育にあたったことが取り上げられている程度だろう（「徳川実紀」など）。しかし、秀忠から庶子の養育を託されるところに、見性院殿の政治的地位の高さをうかがうことができる。今後、さらにその動向を検出していくことが必要と考える。

そして元和八年（一六二二）五月九日に死去し、法名を「見性院殿高峰妙顕大姉」といった（武蔵大牧「清泰寺過去帳」『甲斐国志』四巻七七頁、北島藤次郎『史録仁科五郎盛信』九四頁など)。七十六歳くらいだったと推定される。すでに武田家滅亡から四十年が経っていた。武田勝頼の滅亡後に、武田家の正嫡の地位を占めた勝千代、さらにその家督を継承した万千代が死去し、穴山武田家が断絶してからも二十年近くが経っていた。信玄・三条殿の正嫡として最後に生き残った存在であり、なおかつ、徳川家に対して一定の影響力を維持し続けていた様子もみられた。彼女の生涯も波乱に満ちたものといえ、改めてその生涯の全容が解明されていけば、さらに興味深い事柄がみえてくるのではないか、ということが期待される。

三条殿の子供たちの立場

ここまで三条殿所生の子供たち、三男二女の五人について、生涯の概略をまとめてきた。その結果、三条殿は、天文七年(一五三八)、十年、十二年、十四年、十六年と出産してきたことが推定された。ほぼ二年ごとの出産であり、一定の出産管理があったことがうかがわれよう。このように、三条殿が産んだ子供たちは五人が確認された。そこで改めて、それらの子供たちが三条殿の所生、すなわち嫡出子だったことに基づいた、それぞれの立場の性格について位置づけておくことにしたい。

三条殿の第一子は男子の義信だった。そのため、信玄の嫡男に位置づけられた。これは極めて当然のことと言える。信玄の嫡男として、室町幕府将軍足利義輝《よしてる》から偏諱を得て、隣国の戦国大名今川義元の娘と結婚し、駿甲相三国同盟において重要な要素をなした。幕府からは准三管領の家格を与えられて、まさに信玄嫡男に相応しい立場となっている。しかし、信玄への謀叛事件を起こし、残念ながら廃嫡され、最後は病死もしくは自害して生涯を閉じた。子供には娘があったらしいが、後室と共にその実家の今川家に引き取られ、その家系は存続しなかった。

第二子も男子の竜宝だった。信玄の次男になる。当初は、兄義信の結婚が決まったのと同じ時期に、信濃国衆の海野家の婿養子となり、その領国と家臣を継承して、武田家の御一門衆としての役割を担うことが予定されていた。しかし、元服適齢期に失明してしまい、武将としての生涯を過ごすことができなくなり、のちに出家している。勝頼の代になって、海野領を返上したことが伝えられるが、越後上杉家との同盟に伴って、能登畠山家の娘を後妻に迎えたことが伝えられ、また上野の有力国衆・藤田信吉が武田家に従属するに際して、竜宝の娘が勝頼の養女となって嫁いだことが伝えられる。義信の廃嫡後は、信玄の男子として最年長に位置し、それに対応して最後まで御一門衆の役割を果たしていたことがうかがわれる。

第三子は女子の黄梅院殿で、娘としては長女にあたった。そのため年少にもかかわらず、隣国の戦国大名北条氏康の嫡男氏政と結婚し、これも駿甲相三国同盟において重要な要素をなした。その後、武田家と北条家は敵対関係になり、しかも黄梅院殿はそれからすぐに死去してしまった。

第四子は男子の信之と推定された。信玄の三男になる。兄竜宝の海野家継承が決まったあとを受けて、有力御一門衆の安田武田家を継承したとみなされる。同家は、御一門衆のなかでは信玄の弟・信繁（典厩家）に次ぐような地位にあったらしく、その家督を継承したことは、将来的に御一門衆筆頭の役割を担うことが予定されたことだろう。しかし、すぐに死去してしまった。そのため、信繁の死後において、御一門衆筆頭として四男勝頼が登場してくることになる。

第五子は女子の見性院殿と推定された。信玄の次女になる。典厩家に次ぐ御一門衆の有力家だった穴山武田家の嫡男信君と結婚した。穴山武田家には、前代も武田家当主の次女が嫁しているので、その再生とみなされる。早い時期に婚約したと推測され、他国の戦国大名家や領国内の有力国衆家ではなく、穴山武田家と結婚しているのは、それだけ同家の存在が重視されたことによろう。

夫の信君は、勝頼が武田家嫡男となって以降、御一門衆筆頭に位置し、「左衛門大夫（信君）・六郎次郎（典厩家信豊）」（戦武二一一二）、「玄蕃頭（信君）・左馬助（信豊）」（戦武二四九四）というように、典厩家よりも上位に位置した。信君の父で前代の信友は、典厩家の信繁よりも下位に位置していたから、信君が筆頭に位置したのは、穴山武田家の家格の継承によるものではなく、嫡女見性院殿の婿だったからと考えるのが妥当である。そして、見性院殿が嫡女であるがゆえに、見性院殿とその嫡男勝千代には、庶子出身の勝頼に対する血統的優位性があった。信君による武田家離叛の前提には、このような側面が存在していたと考えられるだろう。

三条殿の子供たちは、長男・三男は三条殿生前に死去してしまい、次男は盲目のため武将としての活躍はできない状態にあり、長女も三条殿生前に死去した、というように、決して順風とは言えない境遇に置かれていた。次男は生存してはいたが、政治的な実力はなかったと言わざるを得ず、残っていたのは御一門衆筆頭の妻として存在した、次女の見性院殿のみだった。しかも三条殿の死去後に、武田家の家督は庶出の勝頼に継承されたため、彼女だけが三条殿所生の嫡出子の権威を担うかたちになっていた。勝頼も当初はその権威を尊重し、穴山武田家を御一門衆筆頭に位置づけていたが、最終段階になって、典厩家重視の姿勢をとるようになったと伝えられており、それが信君・見性院殿夫妻との亀裂を生じさせたとみられている。

このことを踏まえると、庶出子が家督を継承した場合、嫡出子の兄弟姉妹とどのような政治関係を構築するかが、家の存続に大きな影響を与えると考えられるのである。

第三章　信玄の別妻と妾

信玄の別妻と妾たち

この章では、三条殿以外の、信玄の妻と妾の存在、そしてその所生の子供たちの状況についてまとめることにしたい。それらのことは、三条殿には関わりのないことのように思われるかもしれない。しかしながら、戦国大名家の正妻は、別妻・妾を含めた奥向きの統括者でもあったから、別妻・妾の存在そのものについて、さらにはその所生の子供たちの身の振り方についても、正妻として関与していたと考えられる。別妻・妾とその所生の子供たちの在り方を把握しておくことは、そのような正妻としての関わりがどのようなものだったのかを考えるうえで、重要な要素をなすものとなる。そのため、ここでそれらの情報についてまとめておきたいのである。

以下で検討するように、信玄には、別妻は三人の存在が、妾は確実なところで一人の存在があったことが確認される。別妻には、信濃禰《ね》津《つ》元直《もとなお》娘、信濃諏方《すわ》頼重《よりしげ》娘（乾福寺殿）、信濃禰津常安《じょうあん》娘があったと推定される。それらの子供として、乾福寺殿が四男勝頼を、禰津常安娘が七男信清《のぶきよ》を産んでいるにすぎない。その他の子供は妾の所生とみなすことができる。妾としては油川《あぶらかわ》氏娘があり、五男・六男の二男と三女から六女までの四女の、七人の子供を産んだと推定される。そのほかに、母が不明な七女・八女がある。おそらく、信玄にとっては最後のほうの子供になるので、油川氏娘に代わって新たに妾に迎えられた存在があり、それからの所生ではないか、と推測される。

それでは以下において、それら信玄の別妻と妾、そしてその所生の子供たちそれぞれの状況を、具体的にみていくことにしたい。

別妻・禰津元直の娘

信玄の別妻として最初に確認されるのは、信濃小県《ちいさがた》郡禰津領の国衆・禰津元直の娘である。とはいえ、そのことを示す史料は、「甲陽日記」天文十一年（一五四二）十二月十五日条（山6上・八六）に、

夜、禰津より御前様御越し、御祝言、

とあるにすぎない。信濃禰津（長野県東御市）から「御前様」が輿入れして、祝言が行われた、とい

う内容である。

「御前様」は妻についての呼称であること、輿入れが禰津から行われていることから、当時の禰津領の国衆・禰津元直の娘が、信玄に妻として輿入れしたことを記している、と理解される。そして、信玄の妻としては、すでに正妻・三条殿が存在していることから、別妻としてのものだったとみなされる。これまで大抵は、信玄の「側室」になったと理解されてきたが、「御前様」と記されている以上、妻としての結婚と理解するのが適切であり、むしろこれを「側室」と理解すること自体が誤りになる。そして、妻としての結婚であり、国衆家の娘であることから、それは武田家と禰津家との外交関係に基づいたものとして理解しなくてはならない。

武田・禰津家関係系図

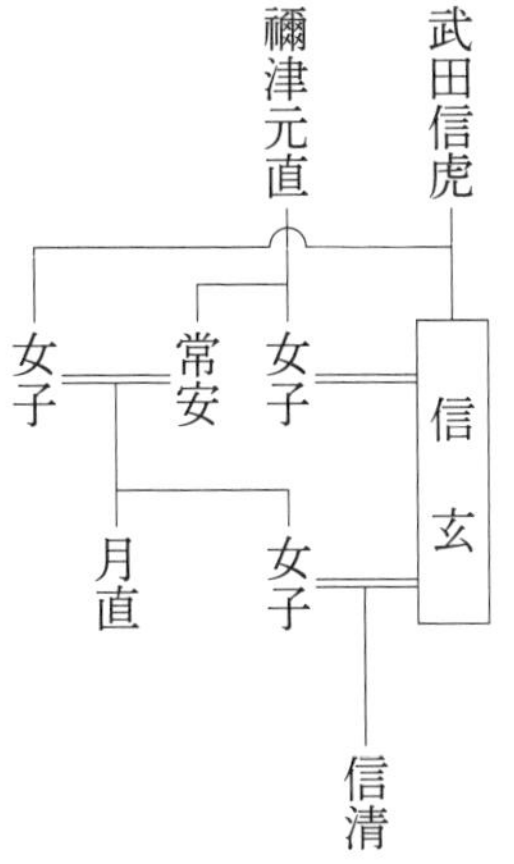

ちなみに、この婚儀に関して、これまでに二つの理解が出されてきた。一つは、婚儀の相手を禰津家娘とみるのではなく、次に取り上げる諏方頼重娘（乾福寺殿）とみる見解である。これは、諏方家の滅亡後、彼女は禰津家に逃れ、そこから信玄に輿入れした、という理解である。その背景には、諏方家滅亡を受けての婚儀は、彼女とのことしか考えられない、という思考の前提がある。しかし、諏方家娘が従属下にある禰津

信濃国「領」地名分布（平山優『戦国大名と国衆』所収図をもとに作成）

家に逃れ、そこから輿入れするという理解は、あまりに苦しい説明である。素直に禰津家娘の輿入れと理解すべきである。

もう一つの理解は、文面通りに禰津家娘の輿入れと理解するものであるが、その対象について、信玄の七男信清の母とみるものになる。信清が禰津家娘の所生であることについては、後段で触れるが、事実とみなされる。したがって、信玄の妻に禰津家娘が存在していたことは確実になる。そのため、この時に信玄と結婚した禰津家娘は、信清母にあたると考えられたのだった。しかし信清は、これより二十年以上もあとになる永禄六年（一五六三）の生まれになる。この時に輿入れした娘が十歳代で、それが二十年後になってようやく出産した、という理解も成り立たないことはない。しかし、素直にみれば、この時の禰津家娘と、信清母とは、別人と考えるのが妥当だろう。ここでは、両者は別人と捉えることにする。

信玄と禰津家との接触は、この時が最初になる。それ以前において禰津家は、信濃諏方郡の国衆・諏方家に従属する関係にあった。信玄はこの年の七月四日に諏方家を攻略し、諏方郡を経略した。九月に信濃伊那郡高遠《たかとお》領の国衆・高遠諏方家と諏方郡をめぐる抗争があり、撃退して、そのまま上伊那郡に侵攻している。禰津家との婚姻は、そのような諏方家の滅亡、諏方郡の経略を受けてのこととみられる。それまで諏方家に従属していた禰津家は、諏方家の滅亡に伴い、信玄と従属関係を結ぶことになったのだろう。そして、その従属関係を明示するものとして、信玄と当主元直の娘との婚姻が形成されることになったと考えられる。
さらに、戦乱が終息をみたあとの十一月十九日に、

甘利備前守（虎泰）、新屋の普請初め、

と、信玄家老の甘利《あまり》虎泰《とらやす》が「新屋の普請初め」を行っていて、同月二十九日に、

駿府より高井兵庫助御縁縁（嫁カ）御祝言の為、御使参府、

と、駿河今川家からその家臣高井兵庫助が、「御縁嫁御祝言」の使者として甲府に参府してきている（「甲陽日記」同前）。

その直後に婚儀が行われていることから考えて、「新屋」の建築は、結婚後に禰津元直娘が居住する屋敷、今川家臣が「御縁嫁御祝言」の使者として赴いてきている「御祝言」は、その婚儀を指すと理解することができる。しかもここからは、別妻は本屋形とは別屋敷に居住したとみなされること、別妻との婚儀にも同盟関係にある大名家から祝儀の挨拶が行われたこと、という非常に興味深い事実を知ることができる。

しかし、元直娘についての、その後の動向については全く知ることができない。そもそも、この時の禰津家当主の実名についてすら、当時の史料で確認することはできず、「元直」とするのは系図史料などによるものとなる。また、元直をはじめ、禰津家一族について、生年を推定する手がかりも残されていない。そのため、この時に信玄と結婚した娘は、元直の娘と推定されるものの、年齢などについては全く不明とせざるを得ない。

別妻・諏方頼重の娘（乾福寺殿）

信濃諏方郡の国衆・諏方頼重（一五一六～四二）の娘である。彼女について、実は当時の史料に所見はなく、確実にわかっていることは、天文十五年（一五四六）に信玄の四男勝頼を産んだこと、弘治元年（一五五五）十一月六日に死去し、法名を「乾福寺殿梅岩妙香大禅定門」といったことくらいにすぎない。なお、このうち忌日については、元亀二年（一五七一）に勝頼によって催された十七回忌の法語によって確認されている（「鉄山集」山6下・六四七）。彼女が諏方頼重の娘であることについても、当時の史料で確認できるわけではないが、「円光院武田系図」に、勝頼について「母は諏訪頼重娘」とあることなどから、確かと考えられる。

生年についても明確ではない。手がかりになるのは「甲陽軍鑑」巻九の記載だけである（前出刊本

乾福寺殿の墓（長野県伊那市、建福寺）

二三二頁）。天文十三年（一五四四）三月に信玄は諏方頼重を成敗し、翌十四年（一五四五）正月に諏方郡を経略して諏方家を滅亡させたが、その時に「頼茂（頼重）の息女、其のとし十四歳になり給う」と、天文十四年に十四歳だったこと、そして「次のとし天文十五ひのへ午、四郎勝頼たんじょうましょうます」と、翌年に勝頼を産んだことが記されている。

ただし、諏方頼重の死去と諏方家の滅亡は、正しくはそれより三年前の天文十一年（一五四二）のことである。諏方家攻略は七月四日のことで、頼重を捕捉して甲府に送還し、二十一日に自害させている（「甲陽日記」）。このことから、乾福寺殿の生年については、三通りの見解が出されている。一つ目は、「甲陽軍鑑」の記載通りに天文十四年に十四歳として、その逆算で天文元年（一五三二）とするもの、二つ目は、「甲陽軍鑑」に記載された頼重死去時の天文十三年に十四歳とみて、その逆算で享禄四年（一五三一）とするもの、三つ目は、「甲陽日記」に記載された頼重が実際に死去した天文十一年に十四歳とみて、その逆算で享禄二年（一五二九）とするものである。

いずれも成り立つように思われるが、頼重死去の翌年に十四歳とみるべきだろう。その場合には、「甲陽軍鑑」の記載通りに理解して天文元年とみるか、実際の歿年に合わせて、翌年の天文十二年に十四歳として、その逆算の享禄三年（一五三〇）とみるか、のいずれかの可能性を考えるべきだろう。では、どちらがより妥当性が高いと言えるだろうか。

武田・諏方家関係系図

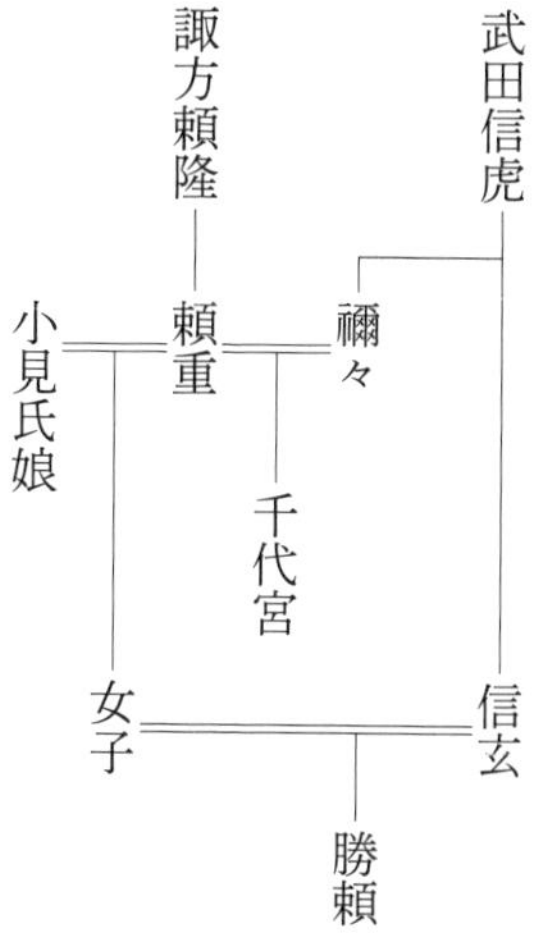

その場合に考えておくべきことは、乾福寺殿の身分的立場についてである。江戸時代以来、ほぼ一貫して「側室」とみられていたが、それは誤解である。国衆の諏方家の娘であるから、家臣扱いの妾だったとは考えられない。必ずや妻としての扱いにあったはずと考えられる。そうすると、信玄と乾福寺殿の結婚は、武田家と諏方家との間における、外交関係として理解することが必要になる。

武田家と諏方家には、すでに婚姻関係が形成されていた。天文九年（一五四〇）十一月八日に、武田信虎の三女禰々《ねね》が、諏方頼重と結婚している。十二月九日に頼重は甲府で婿入りの挨拶をし、同十七日に信虎はその返礼として諏訪を訪問している（「神使御頭之日記」山6下・三二八）。そして天文十一年四月四日に、頼重・禰々夫妻の嫡男として虎王が誕生している。同年七月に信玄は諏方家を滅亡させるが、それを受けて虎王は甲府に引き取られ、そこで千代宮と改名した。次いで天文十一年九月に、高遠諏方家が諏方郡に侵攻してくると、信玄は千代宮を擁立して諏訪に進軍し、高遠諏方家を撃退している（同前三三〇）。

信玄は、諏方頼重を自害させたあとも、妹禰々とその嫡男千代宮の存在をもって、諏方家の枠組みを存続させていたことがわかる。その意味では、信玄は諏方家を滅亡させたのではなかったと言える。しかし、諏方家当主となった千代宮のその後の動向は確認できない。わずかに「諏訪系図」に「僧、長岌侍者」とあることから（『信濃史料』十一巻一七九頁）、その後は出家させられ、僧侶となったとみなされている。歿年も不明である。これが事実であれば、信玄は千代宮を出家させ、諏方家を断絶させたということになろう。

信玄がそのような判断をする前提になったのは、妹禰々の死去と考えられる。禰々の歿年については、二通りの所伝がある。一つは、「武田源氏一統系図」などにみえるもので、「天文十二年癸卯正月十九日、十六歳ニシテ病死」とするもので、もう一つは、「十輪院武田家過去帳」で、「天文十三年甲辰正月十九日」とするものである。わずか一年の違いでしかないが、武田家と諏方家の関係を考えるうえでは、ないがしろにできない問題になる。これまでは前者の所伝が尊重されてきた。そのため禰々の生年は、その逆算により享禄元年（一五二八）とみなされてきた。

しかし後者の所伝は、系図史料よりも史料価値が高いとみなされる過去帳における記載なので、簡単には無視できない。ただし、過去帳に記載された日付は、供養日の場合もあるので、それがただちに忌日を示していることにはならない。ところが、禰々の場合に関してみると、前後に記載されている人物についてはすべて「逝去」と記されていて、忌日を示している。禰々の部分にだけその記載はないが、この状況をもとに考えれば、転写の際の脱落の可能性が高いとみなされる。したがって、禰々の歿年は天文十三年とみるのが正しいと考えられる。そして、歿年齢が十六歳と伝えられていることをもとにすれば、その生年は享禄二年とみるのが妥当と考える。

禰々の死去によって、武田家と諏方家の婚姻関係は断絶した。それは天文十三年正月のことだった。そのことを踏まえると、信玄と乾福寺殿の結婚は、改めて両家の婚姻関係を再生させるためのもの、と理解できることになりはしまいか。『甲陽軍鑑』は、彼女について「人情隠れ無き美人」と表現するなど、極めて人柄の良い女性であるとし、あたかも信玄がそれに惹かれて結婚したかのように記している。もちろん、そうした側面もあったかもしれないが、むしろ主たる理由は、両家の婚姻関係の再生にあったと考えられる。

そのように理解を進めていくと、結婚の時期は、所伝通りに天文十四年であっても整合するのであり、むしろそのほうが順当な経緯と理解される。わざわざその翌年に勝頼を産んだ、と記していることも、その所伝が確かなことを補強しているように思う。これらの検討から、乾福寺殿の生年は天文元年、信玄との結婚は天文十四年のことと判断しておきたい。乾福寺殿は信玄の別妻の立場にあったと考えられるので、結婚後は、本屋形とは別の屋敷に居住したことだろう。しかし、彼女が産んだ子供は勝頼一人だけだった。信玄にとっては、これが最初の庶出子となった。そして、それから九年後の弘治元年に死去した。歿年齢は二十四歳と推定される。

なお、彼女の母については、「小見氏」(麻績服部氏)とする所伝がある(「諏方家譜」など、平山優『長篠合戦と武田勝頼』参照)。諏方頼重はそのあとで武田信虎の娘・禰々を正妻に迎えることになるので、それ以前において正妻としてあり、禰々結婚後は別妻に位置したか、もともと妾であったかと推測されるが、確かなことはわからない。娘の乾福寺殿の結婚に伴ってそれに付き従い、その死後も、外孫の勝頼の庇護を受けた。勝頼が武田家当主になってからも、勝頼が城主を務めていた高遠城(長野県高遠町)に居住を続けている。「御太方《おだいぼう》」「御祖母」「大方様」と尊称され、勝頼から祖母として扱われた。天正十年(一五八二)の武田家滅亡の際には、勝頼に同行し、最期を遂げたと推定される(丸島和洋「武田勝頼外祖母」『武田氏家臣団人名辞典』)。娘の乾福寺殿に代わって、孫の勝頼の行く末を見守り続けたのである。

乾福寺殿の子供・四男諏方勝頼

乾福寺殿の子供であることについては、例えば「成慶院武田家過去帳」（山6下・九一六）に、乾福寺殿について「高遠諏訪勝頼公御母堂」とあることにより、確認できる。天文十五年（一五四六）生まれであることについては「武田御日牌帳」（同前九〇九）に「三十七歳ニテ御他界」などとあることにより、確認できる。天正十年（一五八二）三月十一日に死去し、法名を「法泉寺殿泰山安公大禅定門」（同前）、あるいは「玉山竜公大禅定門」（「南化玄公遺稿」山6下・六二一）などといった。信玄にとって最初の庶出子である。また周知の通り、長兄義信の死去後に、信玄の嫡男に位置づけられ、その死後に家督を継いで、武田家当主となる人物である。ここでは、武田家の嫡男に位置づけられるまでの動向について簡単にみておきたい。

その動向が確認できる最初は、十七歳になった永禄五年（一五六二）に、信濃高遠城主として高遠領支配にあたっていることである（戦武七九八）。これは、高遠諏方家の家督を継承し、その領国支配を継承したことに伴っている。元服はそれ以前であることは間違いなく、諏方名字、仮名四郎、実名勝頼を名乗った。実名のうち「勝」字は、信玄が家臣に与える偏諱の一つであり、武田家の通字の「信」よりも格下のもので、「昌」「虎」と同列にあたっている。当時の武田家の御一門衆には、すべて「信」字が与えられおり、有力な国衆や家老にも与えられていることを踏まえると、それよりも格下の「勝」字しか与えられていないことから、当初の家格は、ほかの御一門衆よりも低く位置づけられたと考えられよう。そして、下字の「頼」は、諏方家の通字であるから、勝頼は元服の時点で、高遠諏方家継承が取り決められていたものと推測される。

ちなみに、かつては、勝頼が継承した諏方家については、母の実家の諏方本宗家とみなされていた。

武田勝頼肖像（右下は嫡男信勝。東京大学史料編纂所所蔵模写）

高遠領図（平山優『戦国大名と国衆』所収図をもとに作成）

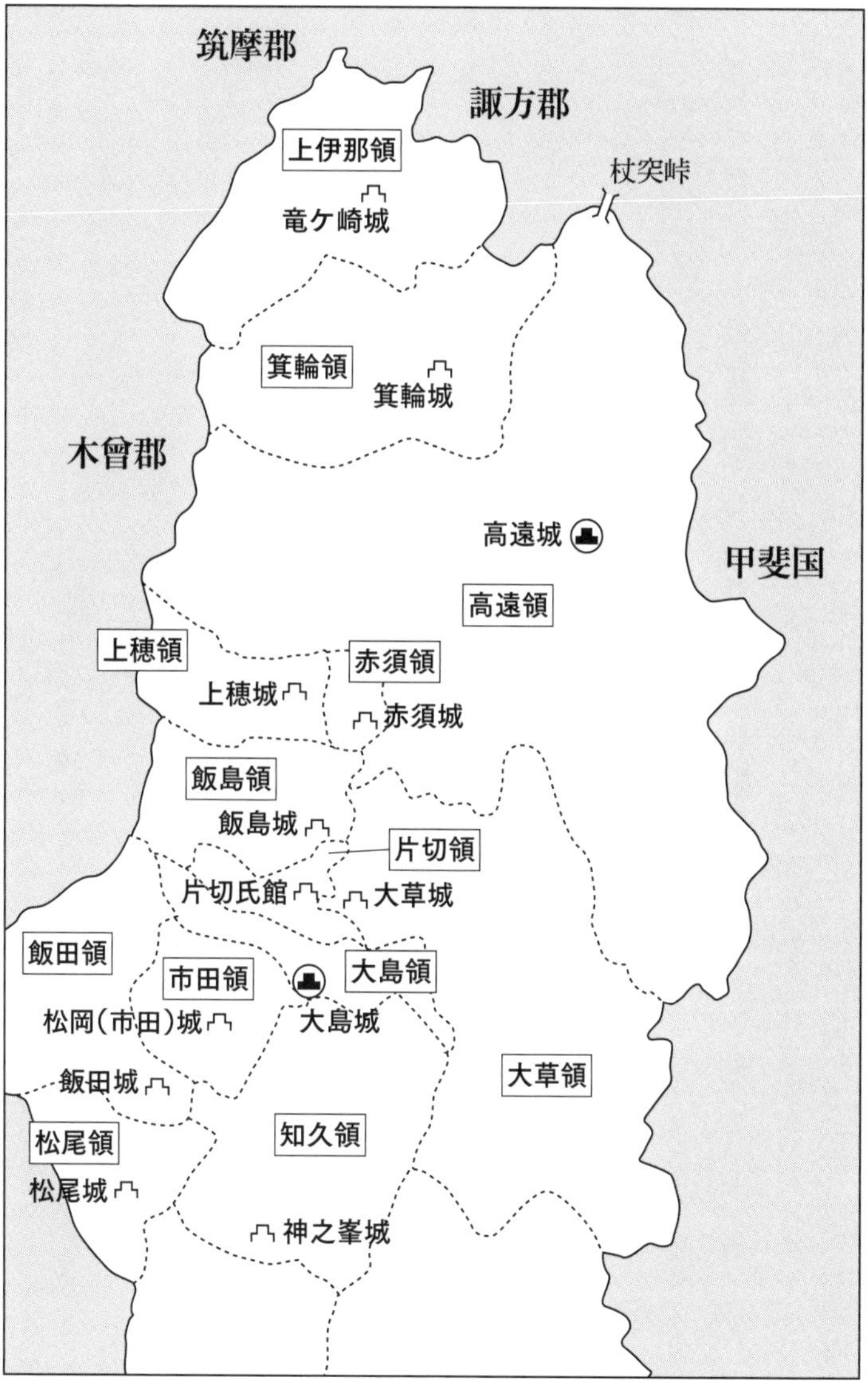

武田・織田・遠山家関係系図

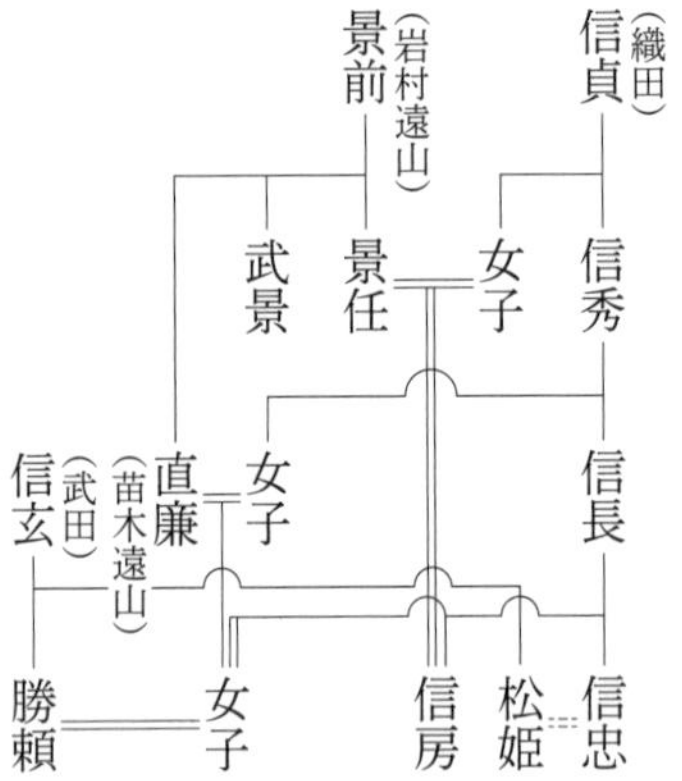

「甲陽軍鑑」にもその旨の記載があったからである。しかし現在では、勝頼が継承した諏方家は、高遠諏方家だったことが明らかになっている（丸島和洋『武田勝頼』）。高遠諏方家では、前当主の頼継《よりつぐ》が天文二十一年（一五五二）に死去していたが、同家の枠組みは継続され、その後は頼継の後室が家政にあたっていたことが推測されている。勝頼はそこに養子として入り、同家の家督を継承したのである。勝頼の動向は、その高遠領支配の開始により、史料上に登場してきたのだった。

　永禄七年（一五六四）からは、御一門衆の筆頭に位置するようになっている。すでに兄竜宝は盲目、兄信之は死去していて、信玄の子供のなかでは、長兄義信に次ぐ、「次男」の立場になっていた。また、御一門衆としても、叔父信繁がすでに戦死しており、勝頼はその子の望月信頼《もちづきのぶより》・武田信豊《のぶとよ》よりも上位に位置している。信繁より下の叔父たちの活躍はそれほどみられておらず、すでに勝頼や、穴山武田信君・典厩家信豊という義信世代の活躍が顕著になっていた。そうした勝頼の政治的地位の高まりに応じて、他国の大名家との外交にも関わることになる。それが永禄八年（一五六五）における、尾張の織田信長の養女（美濃苗木遠山直廉《とおやまなおかど》娘・竜勝《りゅうしょう》寺《じ》殿《でん》）

との結婚である。勝頼は二十歳だった。この結婚は、信玄が織田家と同盟したことに伴うものだった。ただし、結婚の時期について伝えているのは「甲陽軍鑑」だけで、永禄八年九月九日に織田信長から申し入れがあり、十一月十三日に婚儀が行われた、としている。ちょうどその間に義信謀叛事件が生じていた。武田家と織田家の政治関係は、すでに永禄元年（一五五八）からみられるようになっていたが、婚姻を伴う同盟関係の形成をもたらすほどの、活発な交流は確認されていない。このことからすると、婚儀の時期は、翌年でもあり得るように思われる。

ただ永禄十年（一五六七）には、勝頼と竜勝寺殿の間に、嫡男信勝《のぶかつ》（幼名武王丸）が生まれているので、婚儀が前年までに行われたことは確実である。武王丸の誕生時期について伝えているのも「甲陽軍鑑」だけで、永禄十年十一月初めのこととしている。ちょうどその直前に、義信が死去している。こうした状況をみると、「甲陽軍鑑」でなくても、義信と勝頼の対照的な動向に気を引かれても不思議ではないだろう。ちなみに、竜勝寺殿について「甲陽軍鑑」では、武王丸の出産後に死去したと記しているが、すでにしばしば指摘されているように、これは明らかな誤りで、彼女はそれから四年後の元亀二年（一五七一）九月十六日に死去している。法名は「竜勝寺殿花萼春栄大禅定門」といった（「成慶院武田家過去帳」など）。年齢は不明であるが、織田信長の姪というから、信長の娘よりは年長だったろうが、それでも勝頼よりは年少だったように思われる。

義信が死去したことで、信玄の「次男」として存在し、すでに御一門衆の筆頭に位置していた勝頼が、その家督継承者の候補にのぼることになる。しかし、信玄の嫡男に決められた時期については明らかになっていない。勝頼は、永禄十一年（一五六八）までは発給文書において諏方名字を使用しており（戦武一三〇七）、同十二年（一五六九）十二月までは御一門衆として位置づけられていた（戦武一四八二）。状況に変化がみられるのは、翌元亀元年（一五七〇）四月で、信玄は室町幕府将軍足利義昭に、勝頼への偏諱と官位を申請している（戦武一五三五）。

条目

一、駿州山西において、京着万疋の御料所、進献せしめ候事、
　付けたり、当年は累年の如きため、来年より京着万疋の意趣、彼の口上有るべきの事、
一、貴辺へ五千疋の所、駿州においてこれを進らせ候事、
　付けたり、条々口上に有り、
一、愚息四郎官途並びに御一字の事、
　付けたり、条々口上に有り、
一、当出頭の人《（織田信長）》より隣国の諸士に対し、書状の認め様、上意御下知の由に候、其れに就き存分彼の口上を雇い候事、
一、相《（北条）》・越《（上杉）》両国より種々　御前《（足利義昭）》において申し妨げらるるの由、向後御分別の事、

以上、

卯月十日　　信玄（花押）

一色式部少輔殿（藤長）

これは信玄が、勝頼を嫡男に位置づけようとしたことを示している。庶出だった勝頼を武田家当主へ据えるにあたり、それを補う権威づけのために、将軍偏諱を獲得しようとしたのだろう。しかし、これは実現していない。もし実現していたら、「昭信」あるいは「義勝」「義頼」といった実名になったかもしれない。

実際に、勝頼が信玄の嫡男として位置づけられていることを確認できるのは、元亀二年（一五七一）十二月まで下る（戦武一七六二）。「甲陽軍鑑」では、勝頼が甲府に入り、信玄嫡男になった時期について、元亀二年六月のことと伝えており、この状況をみると、あながちあり得ない話でもないように思われる。また、もう一つ情報を挙げるならば、その年十一月二十六日に妻の竜勝寺殿を供養しているが、その際に、

「成慶院武田家過去帳」

元亀二辛未年九月十六日　　信州高遠諏訪勝頼公御簾中

日牌　竜勝寺殿花蕚春栄大禅定尼神儀　菩提のためこれを御建立、御使者稲村清左衛門・
　　富沢兵三、元亀二年辛未十一月廿六日

「武田御日牌帳」
　同(高遠諏方)勝頼公の御前様、九月十六日御逝去
竜勝寺殿華蕚春栄大禅定尼淑霊位
　元亀二辛未十一月廿六日御立て候、稲村清左衛門・富沢兵三登山

というように、「高遠諏訪勝頼公簾中」「同（高遠諏訪）勝頼公之御前様」と、勝頼は高遠城主、諏方名字で記載されている。これに基づけば、勝頼は妻の竜勝寺殿が死去する時点まで、依然として高遠城に在城し、諏方名字を称していたとみることができる。信玄嫡男として確認されるのが、その直後からなので、あながち的は外れていないように思われる。

勝頼が、すでに元亀元年四月の時点で、信玄嫡男の地位を予定されていたことは明らかである。しかし、実際に実現した時期については明らかになっていない。このことは、勝頼の信玄嫡男化という事態の性格を考えるうえで、非常に重要な事柄になる。というのは、その間の元亀元年七月に、三条殿が死去しているからである。それが三条殿の生前であるか死後であるかによって、勝頼の嫡男化に

三条殿が関わっていたのかどうか、そこでの三条殿の役割についての評価が変わることになる。同時にそれは、勝頼の嫡男化の性格についての評価も変わることになる。この問題については、第六章で改めて取り上げることにしたい。

ともあれ、義信の死後、信玄が新たな嫡男を立てるにあたって、その候補者は勝頼しか存在しなかった。なぜなら、勝頼より下の男子である五男信盛は、元亀二年の時点でようやく十五歳の元服年齢に達したにすぎなかったからである。勝頼は二十七歳になっていて、すでに戦国大名家の当主を担うに十分な年齢に達していた。

妾・油川殿（香林院殿）

武田家親類衆の油川《あぶらかわ》氏の娘である。例えば、「武田源氏一統系図」では五男信盛と三女真竜院殿について「油川腹」と記し、「信松院百回会場記」では五女松姫について「母油川氏」と記しているので、信玄の子供の母に油川氏娘があったことは確かとみなされる。また、「甲陽軍鑑」巻二〇（前掲刊本下巻一五一頁）にも、五男信盛と六女菊姫について「甲州あぶら川腹」と記されている。同書巻一六には（同前二八頁）、「油川殿」と記されているので、彼女の呼称としてはこれが適切と考えられる。五女松姫の菩提寺である信松院（東京都八王子市）に残された所伝では、元亀二年（一五七一）の死去

油川家系図

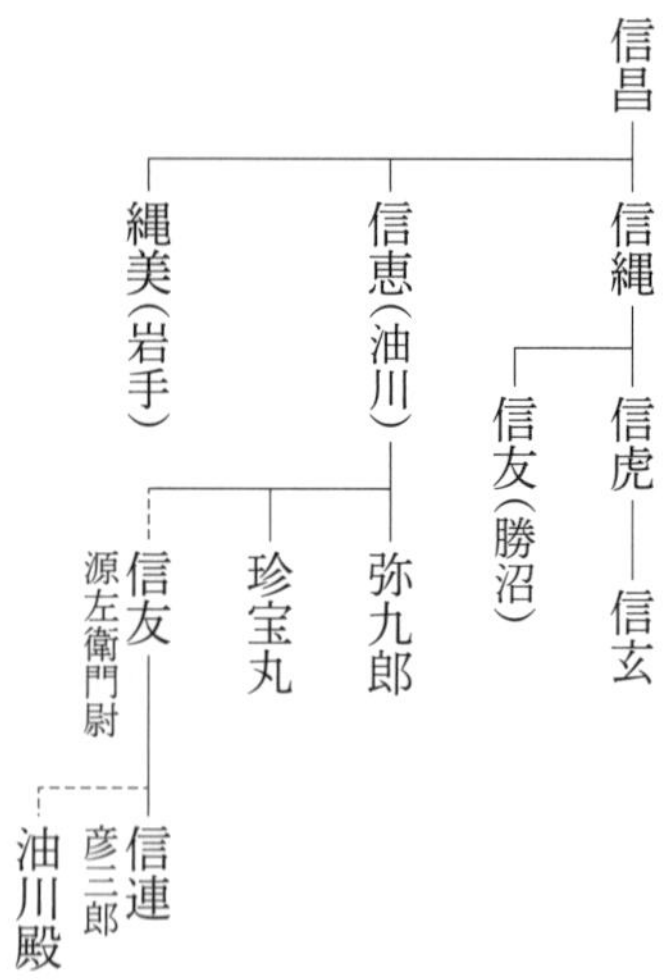

で、歿年齢は四十四歳、法名は「香林院殿慈雲妙英大姉」とされる（北島前掲書）。逆算すると、享禄元年（一五二八）生まれで、信玄より七歳年少にあたっている。ただし該当史料については、現在まだ確認できていない。そのため、ここでは北島氏の研究を信用しておく。今後できるだけ早く該当史料の確認を行いたいと考えている。

父の名については不明である。父を「油川彦八信恵女」と記すものもあるが（「卜部本武田系図」「武田源氏一流系図」）、油川信恵《のぶよし》は信玄の祖父信縄《のぶつな》の弟であるうえ、永正五年（一五〇八）に死去しているので、世代が合わない。また、「武田源氏一統系図」に信恵の子としてみえる源左衛門尉信友の子とみる見解や、「天正壬午起請文」にみえる刑部信守の子とみる見解もあるが、明確な根拠があるわけではない。世代としては、信恵の孫世代にあたると推定され、系図史料では信恵の子として信友が挙がっているから、それをもとにすれば、その信友の子とみるのが順当と考えられる。もっとも、信恵が族滅していることを踏まえると、この油川氏を信恵の子孫と考えてよいのかどうか、検討の余地はあるように思う。別の武田家親類衆がその家名を継承したことも推測できる。なお信友については、「信州海野において、村上（義清）合戦討死」（「武田源氏一統系図」）などと記されている。これは天文十九年（一五五〇）の砥石《とい し》城合戦におけるものとみなされる。

油川殿の子供として伝えられているのは、三女真竜院殿・五男信盛・六男信貞・五女松姫・六女菊姫であり、四女桃由童女についても、時期的な状況から考えて、彼女の所生の可能性が高い。そうすると彼女は、二男四女を産んだと推定される。そのなかで一番上の三女真竜院殿は天文十九年（一五五〇）生まれ、一番下の六女菊姫は永禄六年（一五六三）生まれであり、十三年に及んで子供を産んでいる。油川殿が二十三歳から三十六歳にかけてのことだった。これは、子供の出産状況としては適当な状況と思われる。

油川殿が子供を産んでいる時期は、正妻の三条殿の生前にあたっている。その立場は、別妻か、家臣である女房衆として存在した妾にあたるかのいずれかになる。信玄の別妻は、信濃国衆家の出身に限られていることをみると、油川氏の家格で妻とされたとは考えがたい。したがって、彼女は女房衆として存在したとみるのが妥当であり、信玄もしくは三条殿に仕える女房衆だったと思われる。そして子供の出産は、ちょうど三条殿に出産がみられなくなってからのこととなっている。このことから、三条殿の差配によって信玄の妾になった存在、と考えられる。すなわち彼女は、三条殿が出産しなくなったあとに、三条殿の差配によって、信玄もしくは三条殿の女房衆のなかから選抜され、信玄の妾になった人物だったと推測されよう。

そうすると、油川殿が産んだ子供たちの処遇についても、三条殿の管轄下にあった可能性がある。それらの子供たちの立場は、三条殿の生前においては、三条殿の意向のもとにあったと考えられることになる。続いて、油川殿の子供たちについてみていくことにしよう。

三女・真竜院殿（木曾義昌妻）

油川殿の子供であることについては、「武田源氏一統系図」「両武田系図」などに「油川腹」と記されていることによって知ることができる。ただし別の所伝があり、「（米沢）源姓武田氏系図」では「母は義信・隆法（竜宝）と同じ」と記していて、三条殿と伝えている。すなわち、油川殿の子供とする所伝と、三条殿の子供とする所伝の両様がみられている。仮に三条殿の子供だったとすれば、そもそも油川殿の子供という所伝がみられるはずはないので、実際は油川殿の子供だったと考えられる。そのうえで、三条殿の子供とする所伝も確かな情報だったとすれば、それは三条殿と養子縁組みをして、公的には三条殿の子供として、嫡出扱いされたことを示している、とみなせよう。ただし、典拠はどちらも系図史料の記載であり、そこに誤記がなかったとは言い切れない。そのためここでは、あくまでもそれらの所伝を尊重して、そのように理解しておくことにしたい。

真竜院殿は天文十九年（一五五〇）生まれと推定され、これは歿年齢からの逆算による。忌日は正保四年（一六四七）七月十日で、歿年齢は九十八歳、法名は「真竜院殿仁栄宗真大姉」とされる（「木曾旧記録」一『新編信濃史料叢書』一巻二三九頁）。法名については、それとは別に「桂庵昌公大姉」という所伝もある（「（米沢）源姓武田氏系図」）。名については、一般的に「万里姫」とされているが、その典拠について確認することはできていない。「木曾旧記録」「木曾考」（同前書所収）という木曾家関係の良質な史料には記されていないので、後世に生まれた所伝とみなしておきたい。

木曾義昌《よしまさ》との結婚については、「甲陽軍鑑」巻一〇に、弘治元年（一五五五）に信濃木曾領の国衆・木曾義康《よしやす》が信玄に従属し、嫡男義昌を「信玄公御むこになされ」た、というのが、ほぼ唯一の所伝になる（前掲刊本三二〇頁）。続けて、弘治元年十一月に義康・義昌父子が甲府に出仕したと記している。しかし、木曾家が信玄に従属したのは、正しくは前年の天文二十三年（一五五四）八月のことである（「勝山記」）。義康・義昌父子が甲府に出仕した時期については明確にならないが、大抵は従属した直後に行われるので、天文二十三年だった可能性が高い。「甲陽軍鑑」の記載を踏まえれば、その際に、真竜院殿と木曾義昌の婚約が成立した可能性はあろう。真竜院殿はわずか五歳だった。

夫の木曾義昌は、義康の嫡男で、天文九年（一五四〇）生まれ。真竜院殿よりも十歳年長にあたった。天文二十三年にはちょうど十五歳になっている。仮名《けみょう》は宗太郎、官途名は左馬頭、受領名《ずりょうめい》は伊予守を称した。永禄六年（一五六三）に甲府へ参府したことが知られる（戦武八九八）。

去年義昌《木曽》御越し候返礼として、信玄父子参り候か、然らざれば愚息四郎《勝頼》差し越すべく候の旨存じ候処、打ち続く関東在陣、更に寸暇を得ず、茲に因り今日に至り遅々、寔に慮外浅からざる次第に候、余りに無沙汰際限無く候間、先ず以て工藤七郎左衛門尉申し候、然るべき様馳走本望たるべく候、何様世上無為の時節に洗馬辺り迄信玄参り、申し述べるべく候、次いで飛州の模様彼の口上有るべく候、恐々謹言、

六月七日《永禄七年》　（武田信玄花押）

千村右衛門尉《重政》殿

山村三郎左衛門尉《良利》殿

その返礼について信玄は、信玄・義信父子が赴くか、四男勝頼を派遣する姿勢をみせている。信玄父子がわざわざ返礼に赴くというのであるから、義昌の政治的地位が高く位置づけられていたことがわかる。また、この時の参府以降、義昌が木曾家当主としてみえるようになっている。そうすると、もしかしたら、この時の参府に先立って、真竜院殿との結婚が行われたのかもしれない。義昌の参府は、結婚を受けての婿入り訪問、信玄によるその返礼は、舅入り訪問にあたった可能性を想定できるかもしれない。この時の結婚とすれば、義昌は二十四歳、真竜院殿は十四歳であり、年齢的にも整合

するだろう。

義昌と真竜院殿の子供については、いまだ詳しい状況は判明していないようである。「木曾旧記録」

木曾家系図

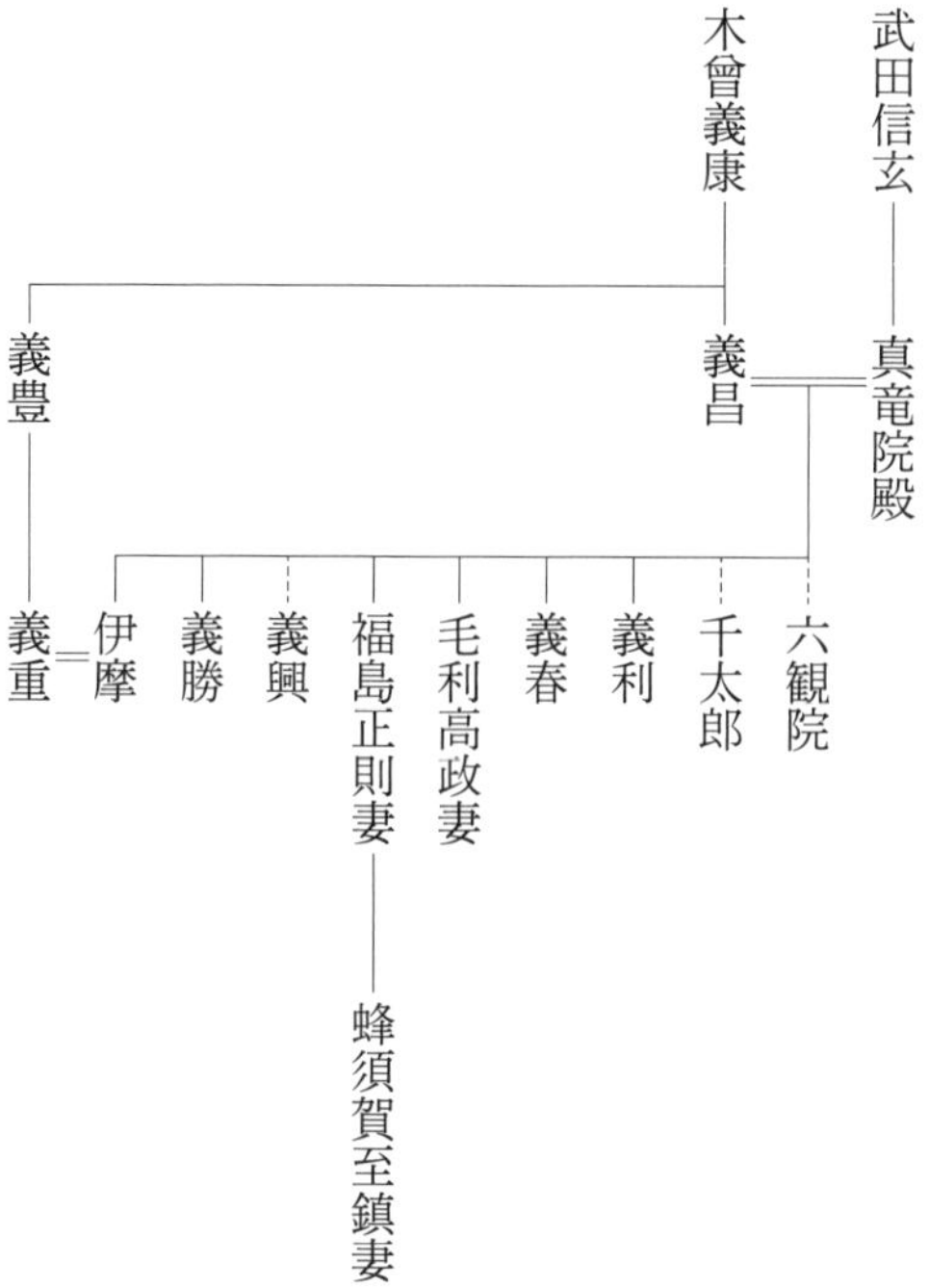

一には、真竜院殿は「御子六人」を産んだとされ、嫡男義利《よしとし》（天正五年〈一五七七〉生まれ）・末男義《よし》勝《かつ》（天正十八年〈一五九〇〉以降生まれ）と娘たちだったことが記されている。同史料所載の「木曾家系譜」には、義昌の子は、義利・義春・毛利伊勢守（高政）妻・福島左衛門大夫（正則）妻・蜂須賀阿波守（至鎮）妻・義重（義勝にあてる）・山村良利妻（他史料では出自不明）・義辰（他史料では義利の子）・女子の九人が挙げられていて、そのうち義利から毛利伊勢

守妻までの三人について、「母武田信玄女」と記している。「木曾考」には、義昌の子は、義利・義成（義春のこと）・毛利伊勢守妻・福島左衛門大夫妻・蜂須賀阿波守妻の五人があげられ、義利から福島左衛門大夫妻の四人について、「母ハ武田信玄女」とし、蜂須賀阿波守妻については福島正則娘と注記している。

ここでは詳しい考証を差し控えるが、さしあたり「木曾旧記録」「木曾考」から、義昌の子としては義利・義春・毛利伊勢守妻・福島左衛門大夫妻・義勝の五人が確認できるだろう。そして、そのいずれもが、真竜院殿の子供とみなせるようである。これで六人のうち五人について、その内容を把握することができる。このほかに、真竜院殿の子供とする所伝を持つ者には、米沢上杉家の家臣になった義興（慶長十九年〈一六一四〉死去）、同家家臣になっていた木曾義重（義昌の弟義豊の子）の妻（天正十七年〈一五八九〉生まれ、慶安四年〈一六五一〉死去、名を伊摩とされる）が検出できるようである（「外姻譜略」〈『上杉家御年譜』二三巻九九頁〉、志村平治『木曾伊予守義昌』参照）。木曾義昌の子供たちについては、改めて詳細な検討が必要と思われるが、ここでは真竜院殿の子供として、七人が所伝されていることを紹介するにとどめておく。

ところで義昌には、永禄九年（一五六六）生まれの長女（六観院）と、元亀元年（一五七〇）生まれの長男千太郎がいた。どちらも武田家への人質として出されていて、天正十年（一五八二）に義昌が武田家から離叛した際に、武田勝頼によって殺害されている（「甲斐国志」九八所引「光明寺位牌」刊本四巻一六八頁）。それぞれ十七歳と十三歳だった。両人については、木曾家関係の史料にはみえていないので、真竜院殿の子供だったのかどうかはわからない。ただし、永禄六年（一五六三）の結婚だったとしたら、両人はそれ以降の生まれであり、真竜院殿も十分に出産可能な年齢だったとみなされる。正妻として真竜院殿があるなかで、義昌が別妻や妾を持つとは考えられないので、素直に考えれば、両人は真竜院殿の子供だった可能性が高いだろう。そうであれば、謀叛人の人質とはいえ、勝頼は血縁の甥・姪を殺害したことになろう。

真竜院殿の子供として伝えられているなかで、生年が明確なのは嫡男の義利だけである。それは二十八歳の時の出産になる。その年齢から考えて、これが第一子だったとは考えにくい。今みた六観院と千太郎が真竜院殿の子供であれば、それぞれ十七歳と二十一歳の時の出産になる。それでも義利との間には、まだ七年の間隔があるので、その他の子供の多くは、その間の生まれと推測できる。毛利伊勢守妻と福島左衛門大夫妻は、その間の生まれだった可能性が想定できるだろう。

その一方、三男となる義春は、慶長二十年（一六一五）の大坂夏の陣で大坂方として戦死しており、その時の年齢について「三十歳程」とされているので（「土屋知貞私記」）、およそ天正十五年（一五八七）頃の生まれと推測できる。天正十七年（一五八九）生まれの木曾義重妻、同十八年以降生まれの末男義勝と、それらの生まれは近接していて、むしろ義利との間に八年ほどの間隔が開いてしまっている。最後の子の義勝の生まれを天正十九年（一五九一）とみた場合、真竜院殿は四十二歳になっている。

当時としてはかなり高齢だが、全くあり得ない話ではないだろう。つまり、天正六年（一五七八）から同十四年（一五八六）までは、出産できる状況になかった可能性がある。ちょうどその時期は、武田家をめぐる政治状況が混乱し始め、武田家の滅亡、続く天正壬午の乱の展開から羽柴秀吉への従属と、木曾家がその存続を模索していた時期と重なっているからである。そのような政治情勢において、真竜院殿は出産する機会が得られなかったのかもしれない。

木曾義昌は、天正十年正月に、武田家から離叛して織田家に従属した。これが武田家滅亡をもたらす直接の契機をなした。武田家滅亡後は織田家従属下の国衆として存在したが、本能寺の変後の天正壬午の乱では、徳川家康に従属する。しかし、羽柴秀吉と徳川家康の抗争のなかで、秀吉に従属した。家康が秀吉に従属したあとは、家康の与力に付属された。天正十八年の関東仕置により、家康が関東に転封されると、義昌はその家臣に位置づけられ、木曾領から転封されて、家康から下総国網戸《あじど》領（千葉県旭市）を与えられた。義昌は文禄四年（一五九五）三月十七日に五十六歳で死去し、家督は嫡男義利が継承した。まだ十九歳だった。慶長五年（一六〇〇）に不行跡がもとで家康から所領を改易された。その後は牢人し、陸奥会津蒲生家に身を寄せたが、その蒲生家も断絶し、牢人のまま寛永十六年（一六三九）五月十六日に六十三歳で死去している。

真竜院殿は、嫡男義利改易後、末男義勝を伴って、木曾領黒沢（長野県木曾町）に隠棲したとされ、同地で死去したという（「木曾旧記録」一）。隠棲した時は五十一歳だったから、隠居してもおかしくない年齢ではあった。そしてその死去は、子供たちがことごとく死去したあとのことだった。義利と別れてからも五十年近くが経っていた。その間に子供たちと交流できたのかはわからないが、ひっそりと静かに余生を過ごしたというには、あまりにも長い余生だったと言うしかない。

四女・桃由童女

油川殿の子供であることが確認できるわけではないが、時期から考えてその可能性は高いとみなされる。彼女については、唯一、永禄元年（一五五八）閏六月十日以前に死去していたこと、法名を「桃由童女」といったことが知られるにすぎない（戦武五九七）。「童女」とあるので、およそ十二、三歳以下だったことは間違いないだろう。そうすると、天文十五年（一五四六）頃以降の生まれと推定される。

母が三条殿の可能性もないわけではなく、その場合には天文十八年（一五四九）以降の生まれと推定されることになる。しかし、油川殿所生の真竜院殿と生年があまり変わらなくなってしまうので、三条殿所生の可能性は低いとみてよいと思われる。そうすると、油川殿所生の可能性が高いとみなされ、その場合には、真竜院殿の誕生から二年後以降の、天文二十一年（一五五二）以降の生まれと推測できそうである。油川殿からは、弘治三年（一五五七）に五男信盛が生まれているので、その間の、天文二十一年から弘治元年（一五五五）頃の生まれと推定できるように思う。ここでは、真竜院殿の妹、信盛の姉にあたったとみておくことにしたい。

五男・仁科信盛

油川殿の子供であることについては、「武田源氏一統系図」などに「油川腹」、「古浅羽本武田系図」などに「母油川氏」とあり、信じてよいと考えられる。「甲陽軍鑑」でも巻一一に「甲州あぶらかわ腹」、巻一六（前掲刊本下巻二八頁）に「油川殿の御子息」などと記されている。弘治三年（一五五七）生まれと推定される。忌日は、天正十年（一五八二）三月二日であることは確実だが（「信長公記」）、歿年齢については諸説が伝えられている。諸系図をみていくと、二十六歳とするもの（「武田源氏一流系図」）、二十八歳とするもの（「卜部本武田系図」「古浅羽本武田系図」など）があり、さらに子孫の所伝には、二十九歳や三十四歳などもみられている（北島前掲書参照）。また「甲陽軍鑑」は、巻一一では、永禄四年（一五六一）に五歳と記して、弘治三年（一五五七）生まれとなっているが、巻二〇では、天正六年（一五七八）に二十一歳と記して、永禄元年（一五五八）生まれとなっており、一年の相違がある。

生年についていずれが正しいのか、確定できる史料は存在していないのが現状だが、兄弟姉妹関係を踏まえれば、天文二十一年（一五五二）から弘治三年頃までの生まれであることは間違いなく、歿年齢は二十六歳から三十一歳の間だったと推測される。そうした前提に立つと、様々な所伝のうち、「武田源氏一流系図」の所伝が最も信頼できると考えられるので、ここではそれに従って、弘治三年生まれと捉えておきたい。また法名は、「放光院殿自剣宗智居士」とされるが（「信府統記」）、これ以外に関係寺院や子孫において別の法名も伝えられている。それらについては北島藤次郎氏の『史録仁科五郎盛信』、春日太郎氏『花の若武者　仁科五郎盛信』、小林茂喜氏『仁科盛信と武田氏』に紹介されて

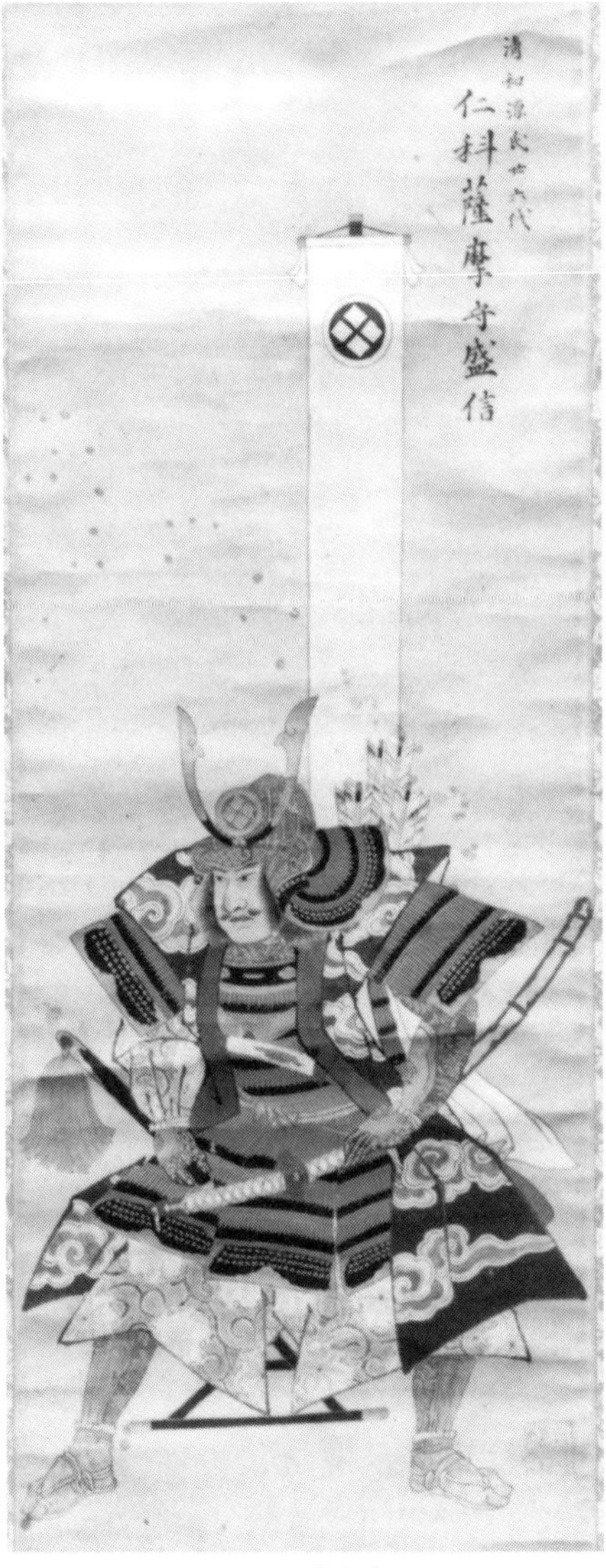

仁科信盛肖像
（写真提供：伊那市立高遠町歴史博物館）

いるので、それらを参照してもらいたい。

仮名は五郎、実名は初め盛信を名乗り、天正九年（一五八一）になって信盛に改名している（戦武三五四三）。初名は、武田家の通字に「盛」字を冠したものになっているが、これは信盛が養子継承した信濃安曇《あずみ》郡の国衆・仁科家の通字である。「甲陽軍鑑」巻一一には、信玄が永禄四年（一五六一）頃に仁科家を成敗し、信盛はそれを受けて同家を継承したことが記されている。仁科家については、永禄十年（一五六七）八月の時点で、当主として仁科盛政《もりまさ》の存在が確認されている（戦武一一一九）。その後、永禄十二年（一五六九）八月には仁科領・仁科家家中が武田家の直接支配下に置かれているとみなされることから（戦武一四四一）、仁科家の断絶、信盛による養子継承は、その頃以降のことと推定される。

仁科家系図

武田信玄――信盛

仁科盛能（道外）――盛康――孫三郎＝盛政＝信盛

信盛は永禄十年の時点では十一歳にすぎず、同十二年の時点でも十三歳にすぎない。実際に信盛が仁科家当主としてみえるようになるのは、天正四年（一五七六）、二十歳になってからのことで（戦武二六三八）、同年から仁科領支配を展開していることも確認され（戦武二六六八）、家督継承が同年以前なのは確かとなる。ただし、元亀三年（一五七二）の時点で、弟信貞《のぶさだ》が駿河葛山《かずらやま》家を養子継承していることから、信盛の仁科家継承はそれ以前のこととみなしてよい。正確な継承時期は不明ながらも、永禄十二年から元亀二年（一五七一）までの間だったことは間違いない。

　信盛の仁科家継承について、注意しておきたいのは、婿養子になっていないことである。信玄が子供や御一門衆によって国衆家を養子継承させた場合、大抵は婿養子の形式をとっている。次男竜宝の海野《うんの》家継承、六男信貞の葛山家継承、甥信頼《のぶより》の望月《もちづき》家継承などは、そうした形式である。

仁科信盛関係系図

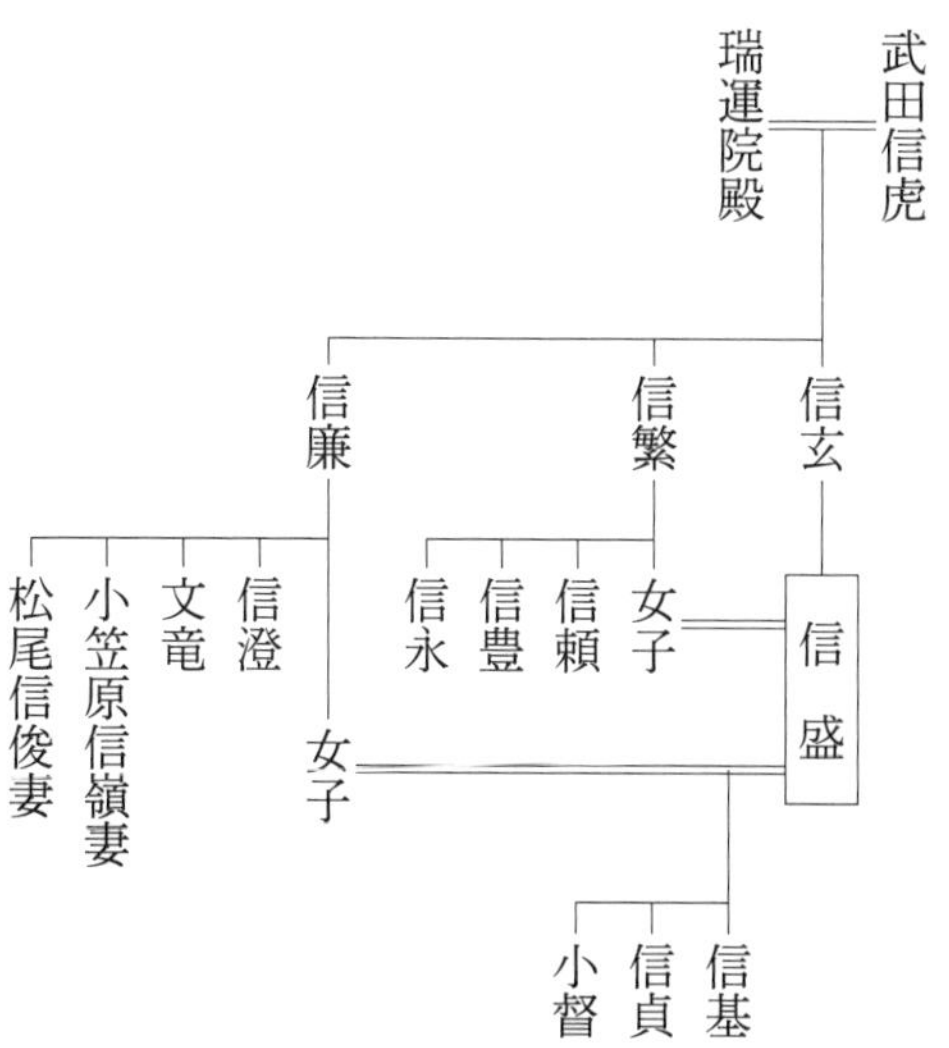

　しかし信盛は、最初が叔父の典厩家信繁《のぶしげ》の娘、次に同じく叔父の信廉《のぶかど》の娘と、続けて叔父の娘と結婚している（「武田源氏一統系図」など）。信繁の娘と結婚したあとに信廉の娘と結婚しているのは、信繁の娘が早世したからと推測される。そうすると、信盛の結婚は、有力御一門衆との間で行われることに意義が置かれていた、と考えられる。このことは、信玄の子供のなかでは特異な在り方を示している。

　そこには、信盛の政治的立場について、ある目的が込められていたように思われる。それについては、これらの結婚と、仁科家を養子継承することが決められた時期と、どちらが早かったのか、が大きな鍵になるだろう。そのように考えた場合、結婚が先だったとして、信盛が庶出だったことを踏まえると、信玄の同母弟の娘と婚姻関係を形成することで、その立場について武田家のなかでの嫡流化を図るものだったのではないか、という推測が浮かんでくる。それが仁科家を継承することにより、潰えたということになる。仁科家継承が先のことだったら、仁科家には結婚に適した娘が存在していなかった、ということが考えられる。

どちらが妥当であるのか、現時点では判断できない。今後、これに関する新たな史料の出現に期待するしかない。ただし信盛の立場が、元服前においてどのようなものとして構想されていたのか、ということは、その時期がちょうど三条殿の死去前後にあたっていることを踏まえると、見過ごしにできない問題のように思われる。その後の信盛は、勝頼のすぐ下の弟として、仁科領支配、次いで高遠領支配を担い、武田家滅亡時には高遠城で織田軍の迎撃にあたり、戦死を遂げるのだった。

六男・葛山信貞

油川殿の子供であることについては、「武田源氏一流系図」「卜部本武田系図」などに、「母信盛同」と記されていることによって知られる。生年は明確ではない。しかし、油川殿の出産状況をもとに考

葛山家系図

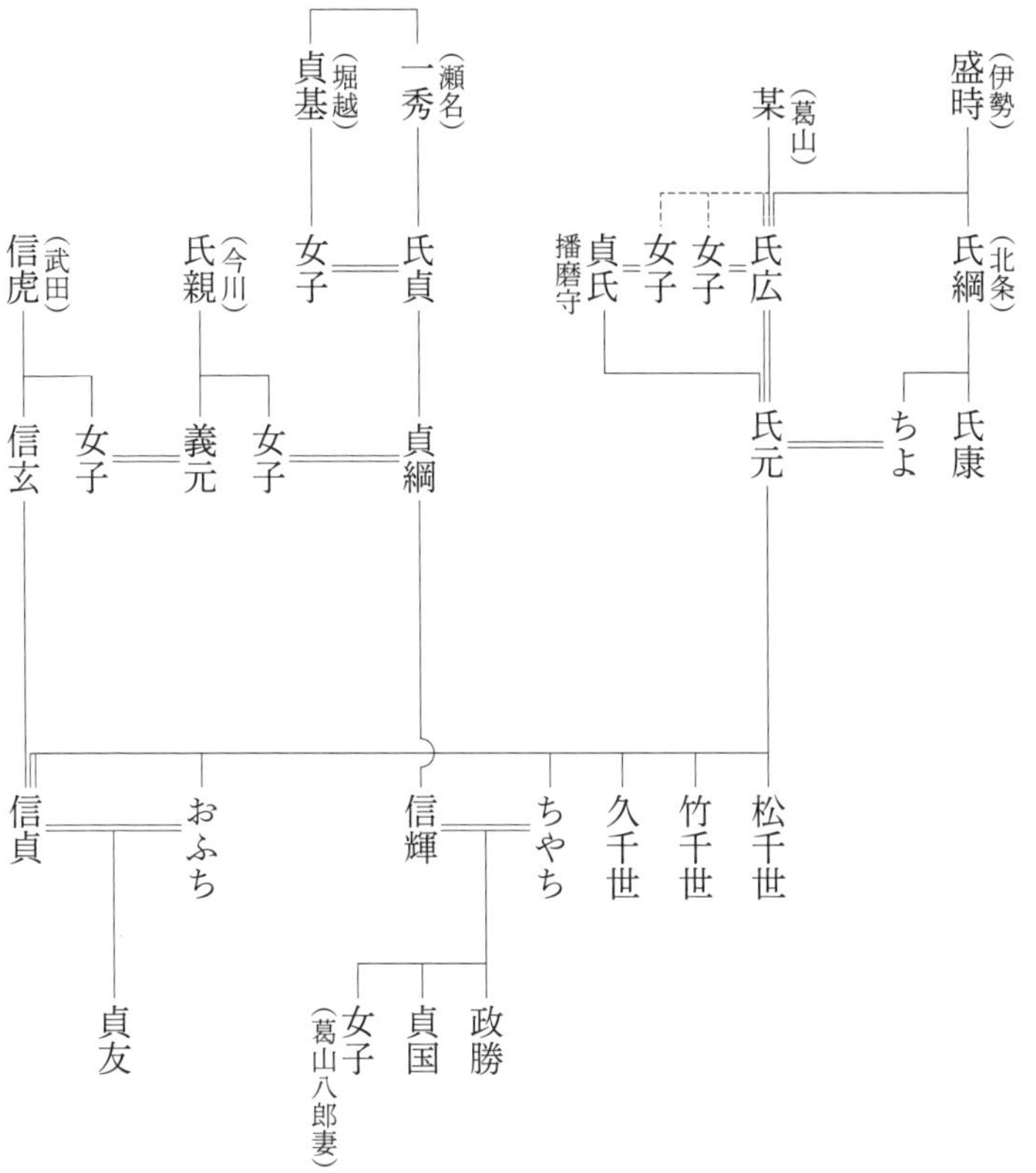

えると、五男信盛と五女松姫の間に生まれたと推測され、それゆえ永禄二年（一五五九）生まれと推定される。忌日は、天正十年（一五八二）三月十五日（「甲州安見記」上野晴朗『定本武田勝頼』参照）と伝えられているが、実際には織田軍が甲府に侵攻し、武田家御一門衆を殺害した三月七日だったと推定される。法名は「陽春院殿瑞香浄英大禅定門」（「古浅羽本武田系図」）とされている。

永禄二年生まれとすれば、歿年齢は二十四歳と推定される。

仮名は十郎を称した。史料上の初見は、元亀三年（一五七二）五月に、駿河駿東《すんとう》郡の国衆・葛山家の当主として、「葛山信貞」とみえているものになる（戦武一八七二）。前代の当主氏元《うじもと》（一五二〇～七三）は、永禄十一年（一五六八）十二月に信玄が駿河侵攻を開始した際、信玄に従属した。しかし、駿東郡は北条家に経略されてしまい、葛山家は領国を喪失する状態になっていた。翌永禄十二年（一五六九）に、信玄は駿東郡西部の経略を果たし、それを受けて信玄から富士郡由野郷（静岡県富士宮市）を中心として領国の替え地を与えられた。信貞はその氏元の婿養子に入って、元亀三年五月までに家督を継承していたことが確認される。

信貞の妻になったのは、氏元の次女「おふち」と推定される。彼女は天文二十二年（一五五三）生まれで（拙著『戦国北条家一族事典』）、信貞よりも六歳ほど年長だった。葛山家の婿養子に入った時期については、特定されていない。家督としてみえた元亀三年には、信貞は十四歳だった。年齢から考えると、元服直後のように思われる。そうすると、同年に元服し、すぐに家督を継承した、という経緯を推測できるかもしれない。

その際に注目できるのが、信貞の仮名である。信貞は仮名「十郎」を称したが、その仮名は、それまでの兄たちが太郎から順に仮名を称しているのとは異なるものになっている。このことは、兄たちとは異なって、信玄の子供の序列のなかで仮名を称したのではなく、養家に入ってから元服して称した仮名だったことを想定できる。そうであれば、婿養子に入ったのは早くても元亀二年（一五七一）頃のことになろう。葛山家当主の歴代の仮名は「八郎」だったが、おそらく氏元の嫡男がこの仮名を称していたのかもしれない。信貞の家督継承は、それを廃して行われたものとみなされ、そのため別の仮名が選択され、それが「十郎」だったのだろう。

前代氏元の発給文書の終見は、永禄十三年（一五七〇）三月である。そして、信玄が葛山領を経略するのは元亀二年正月のことで、同三年四月から同領で家臣に所領を与えるようになっている。これらの状況をもとに柴辻俊六氏は、信貞の葛山家継承を、元亀二年十月の甲相同盟の成立に求める見解を示している（『戦国期武田氏領の形成』）。あくまでも状況からの推測によるものであるが、信玄による葛山領経略が大きな契機になっていたとする見解には、妥当性があるように思われる。そうすると、実質的な契機が甲相同盟成立によるものとする推測も、可能性は認められ、翌年くらいに元服したという先の想定とも整合するものとなろう。

信貞が葛山家当主としてみえてから一年後の元亀四年（一五七三）二月、養父氏元は謀叛の疑いをかけられて、武田家によって家族と共に自殺に追い込まれている（「仏眼禅師語録」『裾野市史 第二巻』七八四号）。氏元と同時に自害させられた家族の内容までは明らかにならないが、氏元には三人の男子がいたから、おそらくそれらの男子たちは含まれていたのだろう。氏元の妻は、北条氏綱《うじつな》の娘「ちよ」だった。この時まで生存していたのかは確認されていないが、筆者は以前に、生存していたとしたら同時に死去した可能性を示したことがある（前掲書）。しかしこの時、武田家は北条家と同盟を結んでいること、信貞の妻「おふち」の母にあたることからすると、自殺させることはないと考えるのが妥当と思われる。娘と過ごしたのか、あるいは出家して遁世したのか、その後の動向は判明しない。

養父氏元の謀叛の動きというのが、いかなる事情によるものかはわかっていない。信貞にとっては、養父氏元および義兄たちという、葛山家の正当な継承者がすべて排除されるという結果になった。氏元たちと信貞との間に、葛山家の家政をめぐる対立などがあり、それが原因になっていたのだろうか。氏元たちを自殺に追い込んでいるのが、信玄が死去する直前の時期にあたっていることをみると、信玄は死に際して、信貞をめぐる環境を整えることを優先し、かなり強引に処置したのかもしれない。

しかし、勝頼時代においては、信貞が有力御一門衆として存在し、外交関係に参加したことが確認されているものの、大きな活躍はみせてはいない。そして、武田家滅亡時には甲府にあり、進軍してきた織田軍によって殺害されるのだった。

五女・松姫（信松院殿）

油川殿の子供であることについては、「信松院百回会場記」に「母油川氏」と記されていることによって知られる。ただし別の所伝もあり、「武田源氏一流系図」「卜部本武田系図」では「母勝沼入道女」としている。「勝沼入道」とは、御親類衆の勝沼今井信良《のぶよし》のことと推定されるが、菩提寺の信松《しんしょう》院《いん》（東京都八王子市）の所伝で「油川氏」とあるから、それは誤伝とみなしてよいだろう。しかし、どうしてそのような誤伝が生じたのかは、今後の検討課題として残される。もしかしたら、武田家滅亡の際に登場し、「理慶尼記」の作者として知られる理慶尼と混同されているのかもしれない。

信松院殿の墓（東京都八王子市、信松院）

　永禄四年（一五六一）生まれと推定され、これは歿年齢からの逆算による。忌日は元和二年（一六一六）四月十六日、歿年齢は五十六歳、法名は「信松院殿月峰永琴大禅定尼」とされる（「信松院百回会場記」）。「甲陽軍鑑」巻一一にも、永禄十

信松院殿木像（東京都八王子市、信松院）

年（一五六七）の時に七歳と記されていて、一致している。名は「阿松」と記されている（「信松院百回会場記」）。また、信玄の「第六之女」と記されていることから（同前）、実際には六女だったことが知られる。

このことから、これまで取り上げてきた娘たちのほかに、もう一人の娘が存在していたことがうかかえるが、三条殿の所生か、油川殿の所生かも不明である。三条殿の所生であれば、天文十八年（一五四九）頃の生まれと推測され、油川殿の所生であれば、天文二十一年（一五五二）から弘治元年（一五五五）の間の生まれと推測できることになろう。状況的には後者の可能性が高く、四女桃由童女と前後しての誕生で、松姫には同母の姉にあたっていた可能性が高いように思われる。

「甲陽軍鑑」巻一一では、永禄十年十一月二十一日に、諏方勝頼の妻・竜勝寺殿《りゅうしょうじでん》の死去を受けて、織田信長から、嫡男奇妙丸（信忠）との結婚が申し入れられ、婚約が成立したことが記されている。しかし実際には、竜勝寺殿の死去は元亀二年（一五七一）九月十六日のことであり、誤っている。ただし、その生前に縁談の交渉が進められたのは確かなことで、元亀元年十月の時点で「甲尾縁談」（『新訂徳川家康文書の研究　上巻』一六五頁）が成立していたことが知られる。ただしこれは、いまだ交渉段階のことであったらしく、実際に松姫と信忠の婚約が成立したのは、同三年閏正月の直前のことだった（遠藤珠紀「織田信長子息と武田信玄息女の婚姻」）。特に後者については、「信長御若子（信忠）与甲州信玄御息女御縁辺御祝言」と記されており、その直前の時期に婚約が成立したことがうかがわれる。そうすると、「甲陽軍鑑」が伝える日付は、前年の元亀二年におけるものだった可能性を想定できるかもしれない。それでも松姫は十一歳にすぎなかった。

しかし元亀三年（一五七二）になって、信玄と織田家は対立関係となり、この婚約は破談になった。松姫は、その後は他家に嫁ぐことなく過ごし、天正六年（一五七八）の十八歳の時に出家したといい（「信松院百回会場記」）、それにより「新館比丘尼」と称したという（「武田源氏一統系図」など）。この年は、妹菊姫が結婚した年にあたるので、それを受けて出家したのだろう。なお、法号については、「信松院殿」のほかにも、「高月院殿」「信竜院」とも伝えられている（「卜部本武田系図」「古浅羽本武田系図」）。それらが実際に松姫の法号だったのかどうか、検証していく必要があろう。

武田家滅亡時には、一族の女子数人を引き連れて東郡栗原海洞寺（開桃寺、山梨県山梨市）に身を寄せ、やがて武蔵安下山（金照庵《きんしょうあん》とされる）に隠棲し、次いで武蔵横山村（東京都八王子市）に自庵を建立して、同所で余生を送ることになる（「信松院百回会場記」）。なお、金照庵に身を寄せたあとは、八王子城近くの下恩方心源院《しんげんいん》に居住し、天正十八年（一五九〇）の北条家滅亡後、徳川家康の関東入部後に、上野原《うえのはら》宿御所水《ごしょみず》の地で自庵を建立したといい、同所が死後に信松院として建立されたという。こうした松姫の後半生については、北島藤次郎氏の『武田信玄息女　松姫さま』に詳しい。

また、信玄生前における動向として注目されるのが、「甲陽軍鑑」巻八にみえる「御りやうにんさま衆」の存在である。この「御料人様衆」は三十騎が編成されていて、それ以前は「御前様衆」だったものが、「御料人様衆」に付属されたことが記されている。この「御前様」は三条殿のこととみなされ、それが「御料人様衆」に転属となったというのであるから、その契機は元亀元年（一五七〇）七月の三条殿の死去とみなされる。そして、竜宝家臣の「御聖導様衆」と、三条殿の「御前様衆」、蔵前衆（財政に従事する家臣団）は、信玄出陣の留守においてそれぞれ「御構えの番」を務めたと記されている。つまり、三条殿の家臣団は松姫に継承されたことがわかる。これは、信玄に後妻が存在せず、松姫が事実上の長女に位置していたためと考えられる。このことが持つ意味については、第四章で取り上げることにし、ここでは紹介にとどめておくことにする。

六女・菊姫

油川殿の子供であることについては、「御菊御料人、母油川腹」(『武田源氏一流系図』)「於菊、母油川氏」(『卜部本武田系図』)とあり、また「甲陽軍鑑」巻二〇に「御りやうにおきくさまハ、甲州あぶら川腹にて、にしな五郎殿(信盛)と一腹にて」(前出刊本下巻一五一頁)とあることなどによって知られる。名は「御菊」とある。永禄六年(一五六三)生まれと推定され、これは歿年齢からの逆算による。忌日は慶長九年(一六〇四)二月十六日で、法名は「大儀院殿梅岩周香大姉」といった(『上杉家御年譜』三巻二四〇頁、「(米沢)源姓武田氏系図」)。

ただし、歿年齢については、実は明確には確認できていない。上野晴朗氏は「上杉家譜」によるとして、四十二歳説を紹介している(『定本武田勝頼』)。北島藤次郎氏も典拠を示していないが、四十二歳説をとっている(『武田信玄息女　松姫さま』)。しかし、それらの典拠史料について、現時点では確認できていない。また上野氏は、菩提寺の米沢林泉寺《りんせんじ》に確認して同説を正しいとしているが、現在、林泉寺では四十七歳説がとられている。その四十七歳説は、「藤原姓上杉氏系図」(『上杉家御年譜』二三巻五一頁)などによるもので、これによる生年は永禄元年(一五五八)となり、上杉氏研究者は基本的にこの説を採用している。

菊姫の墓（山形県米沢市、林泉寺）

しかし、永禄元年生まれでは、信盛の一歳下になり、松姫の姉にあたることになる。信盛と年子というのは、全くあり得ないわけではないが、想定することは難しい。また、松姫の姉ということについても、松姫が織田信忠と婚約した際に、姉を差し置くことは考えられないし、松姫が三条殿の死後にその家臣団を継承しているのも、その時点で長女に位置したからとしか考えられない。したがって菊姫は、信玄の子供たちの在り方から考えると、永禄元年誕生説は整合せず、松姫の妹にあたると考えざるを得ない。そのためここでは、永禄六年誕生説をとることにする。歿年齢四十二歳説の典拠が、一刻も早く確認されることを期待しておく。

菊姫は信玄によって、伊勢長島願証寺《がんしょうじ》と婚約したとされる（「甲陽軍鑑」巻一九〈前出刊本下巻一〇七頁〉）。願証寺との婚約は、織田信長との抗争に伴うものであり、信玄が信長と敵対関係になったのは、元亀三年（一五七二）十月以降のことになるから、この婚約もそれを受けて成立したと推測される。時期は判明しないが、元亀三年の末から翌四年（一五七三）初めの頃だろう。菊姫を永禄六年生まれとみれば、元亀三年には十歳にすぎなかった。松姫がその前年に織田信忠と婚約していることからすれば、やはり菊姫はその妹と考えざるを得ないだろう。

婚約した願証寺は、伊勢一向一揆の中核寺院で、「甲陽軍鑑」はその具体的な名を記していないが、同寺五世の顕忍《けんにん》（一五六一〜七四）にあたると推定される。しかし、結婚は実現をみず、願証寺顕忍も天正二年（一五七四）に織田信長による伊勢一向一揆攻略に際して死去してしまった。その後、菊姫は天正六年（一五七八）十二月に、兄勝頼と越後の上杉景勝（一五五五〜一六二三）の同盟成立に伴って、景勝と婚約した。そして、天正七年（一五七九）十月十六日に甲府を出立し、同月二十日に上杉家の本拠・越後春日山城（新潟県上越市）に到着して、婚儀を行っている（平山優『武田氏滅亡』参照）。菊姫は十七歳だったとみられる。

菊姫は子供を産むことがなかった。それでも夫の上杉景勝は、別妻や妾を持つことなく、菊姫が死去する前年（慶長八年〈一六〇三〉）に、ようやく妾を持ち、菊姫死去から三ヶ月後に、嫡男となる定《さだ》勝《かつ》が誕生している。菊姫は前年冬から病気だったというから、景勝は菊姫の病気を受けて、ようやく妾を持つことにしたのだろう。それらは菊姫の意向がないと行われないことからすると、菊姫は、快復の見込みがないとの自覚のもと、景勝に妾を持つことを勧めたものと思われる。菊姫は、まがりなりにも出羽米沢三十万石という大大名の正妻として生涯を過ごしたのであり、信玄の娘のなかでは、最も安定した生活を送った存在となる。

別妻・禰津常安の娘

信濃小県《ちいさがた》郡禰津《ねつ》領の国衆・禰津常安《じょうあん》の娘と推定される七男信清《のぶきよ》の母について、「根津甚平女」(「(米沢)源姓武田氏系図」)と記されている。ただし「禰津神平」(甚平)は、禰津家嫡男の通称であり、信玄の時期においては、禰津常安の嫡男で、天正三年(一五七五)の長篠合戦で戦死した月直にあたると考えられる。しかし常安を指して、「甲陽軍鑑」などでは「神平・甚平」と表記しているものがみられるので、世代から考えて、信玄の別妻となった禰津氏娘は、常安の娘と推定できる。なお、信清母の禰津氏娘について、先に取り上げた禰津元直の娘と同一人とみる見解もあるが、年代に開きがあること、天文十一年(一五四二)の結婚では、信清の出産は難しいことから、別人とみなすのが妥当と考える。

国衆の禰津家の娘であるから、禰津元直娘や諏方頼重《すわよりしげ》娘(乾福寺殿)と同じく、別妻だったと理解するのが適切だろう。父の常安は、元直の嫡男にあたる。実名については確定されておらず、文書史料にみえる「宮内大輔政秀」に該当する可能性が高いとみなされ、また系図史料では「政直」「信直」とも記されていて、改名の可能性も想定されている（丸島和洋「禰津常安」『武田氏家臣団人名辞典』）。常安の妻は、信玄の妹と考えられるので（「武田源氏一統系図」には信玄の妹に「禰津神平（月直）母」とある）、彼女は信玄にとって外姪にあたる存在だったとみなされる。

この場合、信玄は最初の別妻だった禰津元直娘に加えて、その姪にあたる禰津常安娘を、新たに別妻に迎えたことになる。子供の信清は永禄六年（一五六三）生まれであるから、遅くても同五年には別妻に迎えたことを推測できる。元直娘は子供を産まなかったようであり、おそらくそれ以前に死去していたのかもしれない。それを受けて信玄は、常安娘を別妻に迎えたのだろう。さらには、常安に嫁いだ妹もそれまでに死去していて、禰津家との婚姻関係が断絶したため、それを再生させるべく、常安娘と結婚した、ということも想定できるかもしれない。どのような事情によるものだったかは判明しないものの、信玄が禰津家との婚姻関係の維持を重視していた、とみることはできるだろう。

彼女の動向については、ほとんど知ることはできないが、子供の信清は米沢上杉家の家臣となっていたため、そのもとで余生を送ったとみなされ、元和元年（一六一五）十月三日に死去、法名を「穏室昌安大姉」といった（「（米沢）源姓武田氏系図」）。信清を産んだ時の年齢を二十歳と仮定した場合、生まれは天文十三年（一五四四）、歿年齢は七十三歳くらいと推測できる。おおよそはそのくらいとみてよいように思う。

禰津常安娘の子供・七男武田信清

禰津常安娘の子供であることについては、先に触れたように、「(米沢)源姓武田氏系図」に「母信州住士根津甚平女」と記されていることによる。同系図における記載により、永禄六年(一五六三)生まれで、幼名は大勝、同十年(一五六七)に五歳で、信玄の命令によって出家し、巨摩《こま》郡加々美《かがみ》(山梨県南アルプス市)の真言宗大坊の弟子になり、法名玄竜を称したとされる。その後、天正六年(一五七八)に十六歳で、兄勝頼の命令によって還俗《げんぞく》し、安田武田家の名跡を継承して、仮名三郎、実名信清を名乗ったとされる。安田武田家の名跡は、前章の信之《のぶゆき》の箇所で取り上げたように、信之の死去によって断絶していたとみなされ、信清はそれを継承したと考えられる。仮名をわざわざ同家歴代の通称である三郎と称し

武田信清関係系図

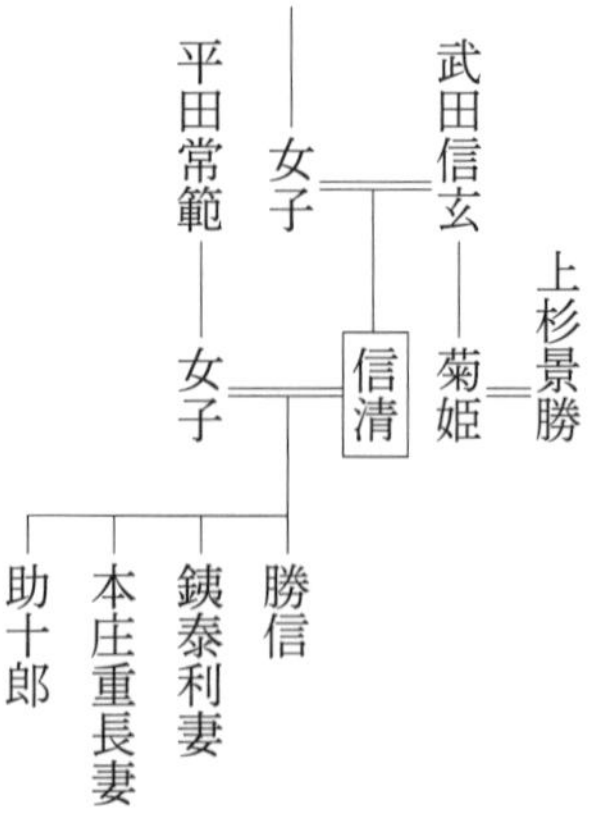

武田信清の墓(山形県米沢市、林泉寺)

ていることからみて、この所伝は確かとみなされる。

なお「(米沢)源姓武田氏系図」には、武田家時代に、信清は甲府長延寺《ちょうえんじ》の実了師慶《じつりょうしけい》の娘と結婚したこと、そこでは天正十年(一五八二)に顕了道《けんりょうどう》快《かい》が生まれたことが記されている。しかし顕了道快は、前章の竜宝の箇所で取り上げたように、竜宝の長男で、天正二年(一五七四)生まれとみるのが妥当と考えられる。したがって、顕了道快を信清の子とする所伝は誤りとみなされる。またその母は、実了師慶の娘とみるのが適当になるので、これらの所伝は竜宝と混同したものとみなされる。

信清は、武田家滅亡時には二十歳だった。すでに結婚していて不思議ではないものの、それについては伝えられていない。滅亡後は、高野山無量光院《むりょうこういん》に隠棲し、姉の菊姫を頼って越後の上杉景勝に仕え、武田名字に改称したという。その後の信清の動向については、丸島和洋氏がまとめているが（「安田信清」『武田氏家臣団人名辞典』）、上杉家時代の動向については、さらに詳細な解明が進んでいくことを期待したい。信清は、寛永十九年（一六四二）三月二十一日に死去、歿年齢は八十歳、法名は「虎山玄竜居士」といった（「（米沢）源姓武田氏系図」）。

母不明の子供たち

ここまで信玄の子供たち、七男六女についての概略をまとめてきた。現在のところ、信玄には、それ以外にも数人の娘がいたことが知られている。すなわち、七女と推測される恵殊院殿と、八女と推測される「末子のむすめ」である。しかし、いずれも母については不明である。ただし、両者の生年は、七男信清・六女菊姫よりも遅かったと推測され、そうするとその母は、ここまで取り上げてきた別妻・妾とは異なる人物だったと思われる。

このことから考えて、信玄は、油川殿が出産しなくなったあとに、別の妾を持った可能性を想定できそうである。両者の母が同一人であれば、新たな妾は一人とみなせるだろうし、別人であれば新たな妾は二人だったとみなせることになる。今後、そうした観点から、信玄が晩年に持った妾の存在について、追究していくことも必要になろう。以下では、その二人の娘の概略をまとめておくことにしたい。

七女・恵殊院殿

彼女についての所伝は、「(米沢) 源姓武田氏系図」と米沢上杉家の「外姻譜略」(『上杉家御年譜』二三巻一〇〇頁) のみにみられているにすぎない。正保四年 (一六四七) 六月十四日の死去で、法名を「恵殊院殿玉泉日養」といったとされる。母について、前者には「母は義信と同じ」とあり、後者には「母正室」とあって、母は三条殿と伝えられている。その場合には、天文十八年 (一五四九) 頃の生まれと推定され、歿年齢は九十九歳くらいになる。三女・真竜院殿の歿年齢が九十八歳だったことをみると、全くあり得ない話ではない。

しかし、前者には「新館と号し終身嫁がず」と記されていて、これは松姫と混同したものと思われる。また、後者には「(徳川) 家康公妾、新館と称す」とあり、これも松姫と混同したものと思われる。松姫が徳川家康の妾になったという所伝は、事実ではないものの、確かに存在はしている。しかし、三条殿所生の娘が何らの理由もなく未婚のままだったとは考えがたく、それゆえ恵殊院殿は武田家滅亡時には年少だったと考えるのが妥当と思われる。三条殿の子供という所伝は、何らかの錯誤とみるのが適切だろう。

その場合、油川殿・禰津氏娘の出産後の生まれで、永禄八年 (一五六五) 以降の生まれだったのではないか。同年生まれでも武田家滅亡時には十九歳にすぎなかった。そして武田家滅亡後は、前者によれば、京都に居住したと伝えられる。彼女の存在は、それら米沢上杉家に伝来された所伝でしか知ることはできないが、同家における菊姫・信清の存在を踏まえるならば、一定の正確さを認めることはできるだろう。

八女・信玄末子のむすめ

彼女の存在については、天正十年（一五八二）三月十一日、武田勝頼に従って死去した者として「信玄末子のむすめ」、と「信長公記」に記されていることによって知られる。「末子のむすめ」とあるので、文字通りに末の娘と捉えておくことにする。その場合、恵殊院殿の妹となり、永禄十年（一五六七）以降の生まれと推測される。武田家滅亡時には十七歳以下だったことになろう。

ところで、彼女に該当する人物と思われるものが、「信松院百回会場記」にみえている。松姫が庇護して武蔵国へ随伴した一族の娘の筆頭に、「季妹幼姝《めい》」「妹春日氏所生姝《めい》」が挙げられている。「季妹」とあることから、「末子のむすめ」にあたると考えることができるように思われる。そうすると彼女は、「春日氏」と結婚し、娘がいたことが知られる。

夫とされる「春日氏」は、信濃国衆と甲斐直臣の両様が存在しているが、信玄の娘と結婚できるのは、国衆しか考えられないから、この場合は信濃国衆のほうの可能性が想定される。仁科信盛と共に高遠城で戦死した者に信濃国衆・春日河内守がいるので、それと関係するだろうか。十七歳くらいにすぎなかったにもかかわらず、結婚していることをみると、何らかの事情で兄信盛の庇護下にあり、信盛の裁量によって、その軍事指揮下にあった春日氏と結婚した、という推測もできるかもしれない。

第四章　武田家の御前様

三条殿に関する史料

この章では、当時の史料から知られる三条殿の動向について、具体的にみていくことにしたい。とはいえ、実際に三条殿が所見されている史料は極めて少ない。それだけに、一つ一つの史料から、三条殿の動向についてできるだけ多くの情報を引き出していくことが大事になってくる。まずは、三条殿がどのような史料にみえているのか、大まかな情報を示しておくことにしよう。

三条殿が当時の史料でみえる最初は、天文十九年（一五五〇）に作成された、東郡大善寺《だいぜんじ》（山梨県甲州市）の本殿修造に伴う奉加帳《ほうがちょう》になる（戦武三〇五）。そこでは、当主の信玄（当時は晴信）、信玄母の「御北様」（瑞運院殿《ずいうんいんでん》）に続いて、「御前様」として三条殿が記されている。そして、それに続いて、信玄の弟信繁《のぶしげ》・信廉《のぶかど》・信是《のぶこれ》が記されている。これは当時の武田家における序列を示しているとみなされる。三条殿は、当主、その母に次いで、第三位に位置したことがわかる。

次にみえるのが、弘治四年（一五五八）三月二日付けの武田家朱印状（戦武五八八）で、「御方様」とみえていて、有野郷《ありのごう》（山梨県南アルプス市）に居住したその下級家臣について、棟別銭《むねべつせん》（屋敷を対象に賦課される租税）の負担が免除されている。次いで永禄九年（一五六六）十一月二十五日付けの武田家朱印状（戦武一〇三九）で、「御前様」が二宮美和社《にのみやみわしゃ》（山梨県笛吹市）の神主に、祈禱を依頼したことがみえている。続いて、永禄十年（一五六七）十月十六日付けと同月十七日付けの二通の武田家朱印状（戦武一二〇〇～〇一）で、信濃飯縄社《いいづなしゃ》（長野県長野市）と同国佐久郡松原社《まつばらしゃ》（同小海町）の神主それぞれに、長刀を奉納している。もちろん祈禱に対する礼物だろう。

永禄十一年（一五六八）六月二十八日付けの武田家朱印状六通（戦武一二八五～九〇）において、「上様」と記されていて、中下条郷《なかしもじょうごう》（山梨県甲斐市）などに居住の番匠（いわゆる大工職人）について、「上様」に奉公関係にあることをもとに、棟別賦課の普請役（土木工事に従事する夫役）の負担を免除されている。そして、永禄十三年（一五七〇）二月一日付けで武田家家臣の土屋昌続《まさつぐ》が、駿河今川家旧臣の伊久美六郎右衛門に宛てた書状写（戦武四二二四）に「甲州御前方」と記されており、それに奉公する「小太夫」と称した家臣（おそらく女房衆）が、伊久美と親戚関係にあることがみえている。

以上が、三条殿の生前において、その動向を伝える史料になる。数量にしてわずか十二通にすぎない。そして、死後に三条殿について触れているものとして、まず死去してから五ヶ月後の元亀元年（一五七〇）十二月一日付けの武田信玄判物《はんもつ》（戦武一六二一）で、菩提寺の円光院《えんこういん》に「宗蘤禅尼」（三条殿の法名）の茶湯料（供養料）が寄進されている。次いで、十二月十四日付けで本願寺顕如《けんにょ》から信玄に送られた書状写（戦武四〇四〇）で、「簾中」、すなわち三条殿が死去したことについて悔やみが伝えられている。そして元亀二年（一五七二）七月二十一日付けの武田家朱印状写（戦武一七三二）では、「三条殿」に「昵近」の奉公をした丹後守という人物が、そのことをもって棟別普請役の負担を免除されている。

これらが三条殿に関する具体的な史料となっている。以下では内容に応じて、それらから知ることができる三条殿の具体的な動向について、取り上げていくことにしたい。

三条殿による奉加

三条殿の動向として最初に確認できた事柄は、寺院の修造にあたって奉加していることだった。その奉加は、大善寺についてのものである。同寺は、前代以来の名刹であり、戦国大名は領国の統治者として、そうした寺院の維持に尽力する役割を担っていた。その奉加帳には次のように記されている。

太刀一腰　馬壱疋
（武田晴信花押）

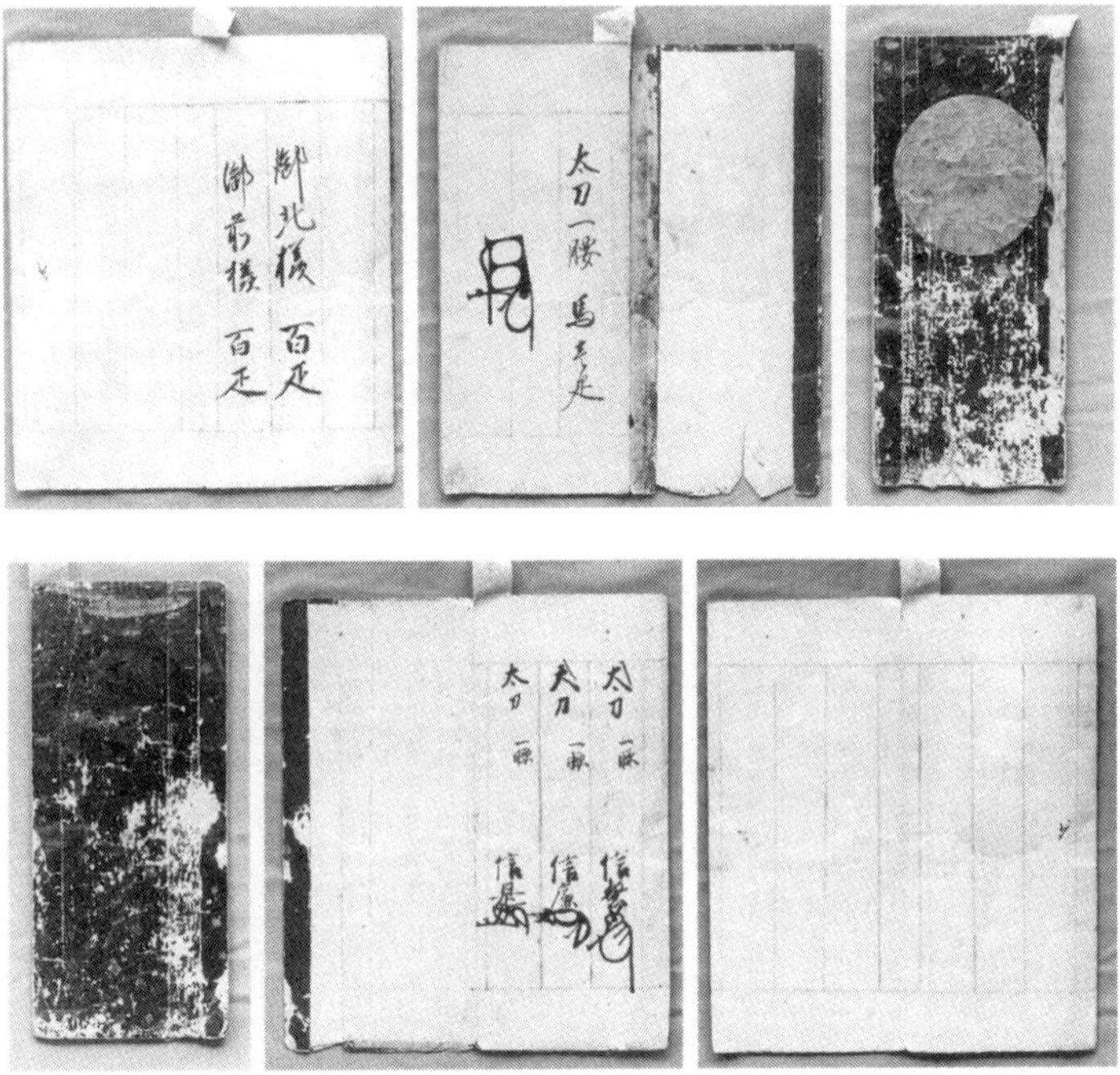

武田家奉加帳（山梨県甲州市・大善寺文書。
『山梨県史 資料編4 中世1 別冊写真集』より転載）

御北様　百疋
御前様　百疋
太刀一腰　信繁（花押）
太刀一腰　信廉（花押）
太刀一腰　信是（花押）

年紀は記されていないが、武田家が大善寺の修造にあたった天文十九年（一五五〇）のものと推定されている。筆頭に当主の信玄が挙がっていて、太刀一腰と馬一疋を奉納し、花押を据えている。それに続いて、「御北様」と「御前様」が並び、共に銭百疋（一貫文、約十万円）を奉納している。そして、信玄の弟である信繁・信廉・信是が順に並んで、それぞれ太刀一腰を奉納している。この修造は、前年に起きた地震災害を受けてのものであるが、当主、その母、正妻、当主の弟たちが一同に奉加しているということは、その修造が武田家を挙げての取り組みだったことを示している。そうしたなかで、母と正妻が加わっているところが重要である。なぜなら、両者が武田家の重要な構成員として参加していたことがわかるからである。

しかも、先に触れたように、この奉加帳での記載順は、当時の武田家における序列を示しており、三条殿は、当主の信玄、その母の御北様に次ぐ、第三位に位置したことがわかる。信玄に次ぐ第二位には、その母の「御北様」が挙がっている。これは御北様が、この時点においても依然として、武田家の「家」妻として存在していたことを示している、と考えられる。御北様についてはこれまで、信玄が家督を継いだあとは出家し、隠棲したと理解されていたように思う。しかし、そのことを示す当時の史料は存在していなかった。むしろこの史料によって、御北様は引き続いて、「家」妻の地位にあったことが認識される。三条殿は信玄の正妻だったが、序列は「家」妻に次ぐものとされていたことがわかるだろう。

御北様がその後、生前のうちに「家」妻の立場から退いたのかどうかは、わからない。彼女はそれから二年後の天文二十一年（一五五二）五月七日に、五十五歳で死去する。これにより三条殿が、「家」妻の地位を継承したと考えられる。それは三十二歳のことだった。

三条殿による祈禱

寺院への奉加と共に、宗教勢力への行為としてみられたのが、神社への祈禱の依頼であり、それに対する礼物の奉納である。三条殿による具体的な行為としては、

①永禄九年（一五六六）十一月に甲斐二宮美和社への祈禱の礼物として具足一両の奉納、

御前様より御祈禱として、御具足壱両御社納し候、請け執らるべきの旨、仰せ出さるる者也、仍って件の如し、

丙寅（永禄九年）　跡部又八郎（勝資）これを奉る

十一月廿五日（竜朱印）

二宮

神主殿

②永禄十年（一五六七）十月に信濃飯縄社への礼物として長刀の奉納、

御前様より御納めの長刀、請け執らるべきの趣、仰せ出さるる者也、仍って件の如し、
丁卯《（永禄十年）》　　跡部《（勝資）》大炊助これを奉る
　十月十六日（竜朱印）
　　飯縄の
　　　千日太夫殿

③同時期に信濃佐久郡松原社への礼物として長刀の奉納、

御前様より御社納の長刀一振り、相違無く請け執らるべきの由、仰せ出さるる者也、仍って件の如し、
丁卯《（永禄十年）》　　跡部《（勝資）》大炊助これを奉る
　十月十七日（竜朱印）
　　佐久郡松原の
　　　　神主

の三件が知られる。それら礼物の奉納については、いずれも武田家朱印状によって行われている。三

条殿が独自の公文書を出していたことは確認されていないので、三条殿のそれらの行為は、武田家朱印状で示されることになっていたのだろう。そのことから、三条殿のそれらの行為は、武田家としての公的な行為だったことがわかる。

祈禱の目的については、すぐには判明しない。①の事例については、ちょうどその直後にあたる十二月初めに、信玄が西上野に出陣しているので(『上越市史別編1』五四五号)、それについての戦勝祈願であると推測される。②③の事例については、具体的な状況を推測できない。ただし、その直前に、信玄は家臣に対して軍役規定を改定しており(戦武一一九八)、その直後の時期に信濃諏訪領の統治を行っていることからすると(戦武一二〇七〜一〇)、諏訪領に出陣していた可能性が想定される。そうすると、信濃での軍事行動が予定されていて、それについての戦勝祈願によるものではなかったか、と思われる。いずれについても祈禱の理由は明確にならないが、状況から推測すると、戦勝祈願だった可能性が高いとみておきたい。

これらのことから、三条殿は、おそらく「家」妻の役割として、当主の出陣にあたっては、領国内の有力神社に対して戦勝祈願の祈禱を行っていたことがうかがわれる。残されている史料はこれだけにすぎないので、確かなことは言えない。もし三条殿が、基本的に信玄の出陣に際して戦勝祈願を行っていたとするならば、本来はもっとそうした礼物の奉納を示す史料が存在していたことになろう。

なお、残されている事例だけから考えた場合、①の事例については、嫡男義信が前年六月に造立のための奉加を行っていることを踏まえて（戦武九四六）、義信に関わるものと考えることも可能のように思われる。義信は前年十月に謀叛事件を起こし、以後は東光寺に幽閉されていた。①の時期は、ちょうどそれから一年ほどが経った頃にあたるので、義信の無事や赦免を祈願した、とも考えられる。また、②③の時期は、ちょうど義信が死去する直前にあたっている。そのため、義信の赦免を祈禱したとも、あるいは義信は病気だったというから、その快復を祈願したと考えられなくもない。

しかし、三条殿の祈禱は、礼物の奉納が武田家朱印状で行われていることに示されているように、個人としてのものではなく、武田家としての公的行為だったと理解される。その場合、もし義信に関わるものであるとしたら、それは信玄も同意してのことになるが、赦免の祈願などを想定してしまうと、それは整合しなくなる。信玄が赦免を祈願することは考えられないからである。そうではなく、病気平癒の祈願であれば、それはあり得ないことではないだろう。残された事例だけから考えれば、すべてが義信事件のあとで、かつ義信が死去するまでのものになるので、それらを義信に関わらせて理解することは、不可能ではないように思われる。

しかしながらその場合、②③の祈願先が信濃の有力神社である必要はないのではなかろうか。①のような甲斐国内の有力神社のほうが相応しいように思う。そうしたことからすると、やはり祈願の内容は戦勝祈願だったとみるのが妥当と思われる。そうであれば、先にも記したように、本来はもっと多くの事例が存在していたに違いなかろう。その場合には、そのような戦勝祈願は「家」妻の役割として認識できることになろう。

そうした「家」妻による戦勝祈願については、これまでの戦国大名研究では全く注目されていない。さらに、祈禱への礼物として具足や太刀を奉納しているが、それはどのような祈禱に対して行われるものなのか、という祈禱礼物の内容についての検討も、全く行われていない。戦国大名研究における新たな論点として認識される。この問題については今後、ほかの事例と合わせて考えていくことが必要と思われる。

三条殿の奉公人と女房衆

次に取り上げるのは、三条殿に奉公する家臣や奉公人の存在についてである。これについては、武田家朱印状八通と土屋昌続《まさつぐ》書状写一通にみえていて、全部で九名の存在が確認された。

まずみられたのは、①弘治四年（一五五八）三月二日付け武田家朱印状にみえた、「御方様」の「御小者」助八である（戦武五八八）。

有野郷
免許

家壱宇　典廐（武田信繁）御被官　有野民部丞
荻原豊前守同心
壱　縫右衛門
同衆
壱戊午（永禄元年）三月より　新左衛門
御方様御小者
壱同　助八
残って納むべきの分
合わせて五貫八百文（竜朱印）
調え衆
矢崎右衛門尉
有野文右衛門

右、かくの如く奉行衆廻り触れに従い、廿日の内に速やかに其れを償うべし、廿日を過ぎ無沙汰せしめば、利倍の勘定を以て収納すべき者也、

弘治四年戊午

三月二日

ここでの「御方様」は、三条殿とみなしてよいだろう。その呼称は当主の妻に対してのものであるが、すでに別妻の諏方頼重娘（乾福寺殿）も死去しているから、この時点での妻は、正妻の三条殿しか該当する存在はいない。小者は下級の武家奉公人についての呼称であり、「御」が付されているのは、「御方様」三条殿に対する敬称による。

その助八は、有野郷の住人で、それまでは屋敷賦課の棟別銭を負担していたが、三条殿の奉公人になったことに伴って、負担を免除されている。助八の免除は、「壱同（戊午〈永禄元年〉三月）」と記されていて、免除は屋敷一間分について、その年の三月からであることがわかる。三条殿には、このように村落の百姓が、奉公人として奉仕していたのである。

次にみられたのは、②永禄十一年（一五六八）六月二十八日付け武田家朱印状六通にみえた、「上様」に奉公している番匠たちである（戦武一二八五〜八九）。

（竜朱印）

上様へ御奉公相勉めるに就き、家壱間の分の御普請役、御赦免成さるる者也、仍って件の如し、

戊辰（永禄十一年）　跡部（勝忠）美作守これを奉る

六月廿八日

中下条番匠

善六

(竜朱印)

上様へ御奉公相勤めるに就き、家壱間の分の御普請役、御赦免成さるる者也、仍って件の如し、

戊辰(永禄十一年)　跡部美作守(勝忠)これを奉る

六月廿八日

六方小路番匠

孫三郎

(竜朱印)

上様へ御奉公相勤めるに就き、家壱間の分の御普請役、御赦免成さるる者也、仍って件の如し、

戊たつ(永禄十一年)　跡部美作守(勝忠)これを奉る

六月廿八日

駒沢番匠

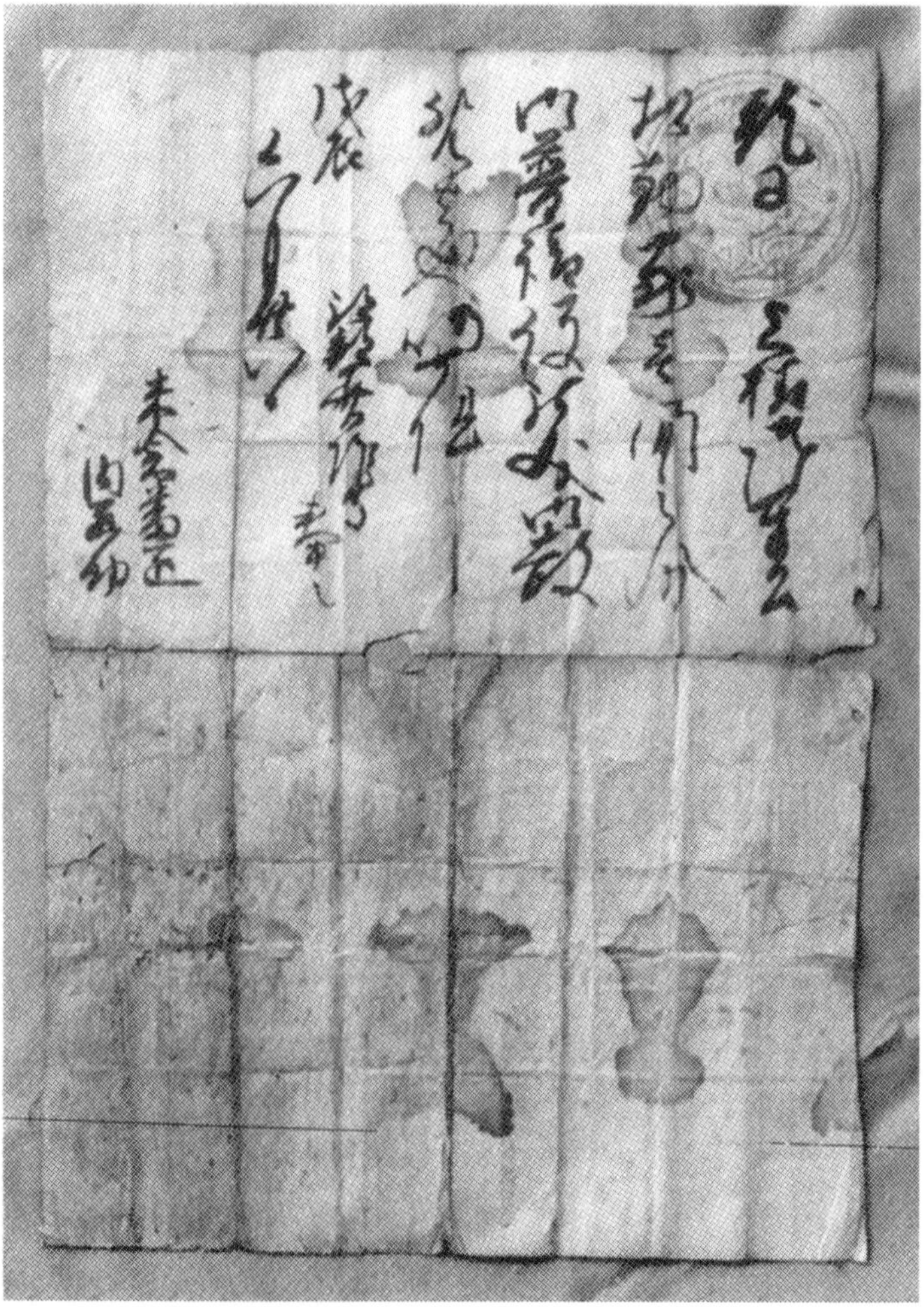

戊辰（永禄11年）6月28日付け武田家朱印状
（橘田家文書。『山梨県史 資料編4 中世1 別冊写真集』より転載）

縫左衛門尉

（竜朱印）

上様へ御奉公相勤めるに就き、家壱間の分の御普請役、御赦免成さるる者也、

戊辰（永禄十一年）　跡部美作守（勝忠）これを奉る

六月廿八日

石橋番匠

新五郎

（竜朱印）

上様へ御奉公相勤めるに就き、家壱間の分の御普請役、御赦免成さるる者也、仍って件の如し、

戊辰（永禄十一年）　跡部美作守（勝忠）これを奉る

六月廿八日

米倉番匠

内匠助

ここでの「上様」も、三条殿とみなされる。「上様」の呼称は、当主そのものか、その妻についての呼称になる。これが当主についてなら、わざわざ「上様」が表記されることはなく、単に「御奉公」と記すだけで済む。わざわざ表記されていることからみて、ここでの「上様」は妻を指していると考えられ、すなわち三条殿にあたるとみることができる。

この六通では、中下条番匠善六、六方小路番匠孫三郎、駒沢番匠縫左衛門尉、石橋番匠新五郎、米倉番匠内匠助のそれぞれについて、「上様」に奉公していることをもとに、屋敷一間分について、屋敷に賦課される普請役の負担が免除されている。これらにより、三条殿が独自に番匠を奉公させていたことがわかる。そして、それらの番匠には、村落住人に賦課される普請役の負担が存在していたことから、村落に居住する、本質的には百姓だったことがわかる。番匠は、現在の大工職人にあたるから、それを奉公させているということは、恒常的に大工仕事に従事させる関係にあったとみなされる。もちろん、その奉公は日常的なものではなく、必要に応じてのことだったろうが、必要の際には三条殿への奉公が最優先される関係だったと推測される。

三条殿がわざわざ独自に、番匠に奉公させていたということは、三条殿が差配する建築工事が、いわば恒常的に存在したことをうかがわせる。残念ながら、その性格については明らかにならない。戦国大名家も、番匠と奉公関係を結んでいるが、ここでの三条殿への奉公関係が、それと同一なのか、全くの別物なのかの判断もつかない。

また、三条殿が差配していたと想定される建築工事の内容も、判断がつかない。しかしこの事実からは、三条殿が恒常的に何らかの建築工事を差配していたこと、それは武田家のなかでの役割としてみられた、ということは想定できるように思われる。それはすなわち、「家」妻としての役割とみることができるかもしれない。これまでの戦国大名研究においては、「家」妻が独自に大工職人を奉公させていたことについては全く注目されていなかった。今度、そうした「家」妻と職人との奉公関係の存在について、注意していく必要があろう。

次にみられるのは、③三条殿の死後一年が経った元亀二年（一五七一）七月二十一日付け武田家朱印状にみえた、三条殿と「眤近」の奉公関係にあった丹後守である（戦武一七三二）。

定め

三条殿へ眤近の奉公候間、家壱間の分の宿次みの御普請役以下、御赦免し候者也、仍って件の如し、

元亀二年辛未

七月廿一日（竜朱印）

跡部大炊助（勝資）これを奉る

丹後守殿

丹後守の詳細は不明だが、同文書は江戸時代に、甲府穴山町の住人に伝来されているので、甲府居住の人物であり、そこで屋敷一間分について、屋敷に賦課される普請役の負担が免除されているから、本来的には同役を負担する百姓だったことがわかる。おそらくは、城下在住の商人か職人にあたるものだろう。

その奉公の在り方は、「昵近」と表現されているので、日常的なものだったと推測できる。その具体的な奉公内容までは明らかにならないものの、彼については、三条殿の死後に、それまでの奉公の功績に報いるものとして普請役が免除された、とみることができる。

以上にみられた事例はすべて、村落在住の百姓が、三条殿に奉公していたものであるが、逆に言えば、三条殿の奉公人には、そうした村落の百姓出身が多く存在していたのである。しかしこのことは、三条殿だけのことではなかったに違いない。おそらくは、そもそも当主の奉公人にしてから、このように百姓出身だったと想定できると思われる。もしそうであれば、このような事態はどのように理解することができるのか。もっとも、それらは戦国大名による領国内百姓との関係の在り方に関わることであり、別に検討すべき問題になるので、ここではそれ以上の言及はやめておきたい。

そして、最後に取り上げるのは、女性家臣の存在である。永禄十三年（一五七〇）に比定される二月一日付け土屋昌続書状写に、今川家旧臣の伊久美六郎右衛門尉の親類にあたった「小太夫」の存在がみえている（戦武四二一五）。

其れ以来は申し承らず候、仍って当表御出勢逐日御静謐に候、これに依り去年以来計らざる仕合故、一端富樫殿《(氏家)》一味し候、貴所御事は甲州御前方に奉公致され候小太夫の御縁家と申し候、内府様《(三条公兄)》別して御懇志の事に候条、早速帰参有り、稲葉の御代官等を仰せ付けられ尤もに候、上意様《(武田信玄)》御前涯分申し成すべく候、貴所　内府様御被官に限らず、何れも召し連れらるべく候、最前より御取次申し候条、かくの如く申し入れ候、恐々謹言、

二月朔日　　　　昌続（花押影）

伊久美六郎右衛門殿

まいる

この「小太夫」というのは、おそらく女房名と思われ、彼女は三条殿の女房衆、すなわち女性家臣だったと推測される。とはいえ、三条殿の女房衆として確認できるのは、実はこれが唯一の事例になる。これにより、そうした女房衆は男性家臣の縁者から構成されていたことがうかがわれる。

ちなみに、この土屋昌続書状では、伊久美の身上について取り上げられている。そこでは、伊久美は武田家の駿河侵攻に伴って武田家に家臣化していたが、そのあとで今川家旧臣の富樫氏家の謀叛に加担した。本来ならば改易されるのだろうが、伊久美の親類の「小太夫」が三条殿の女房衆であるこ

と、正親町三条公兄《きんえ》の取り成しにより、武田家への帰参が許されている。「小太夫」が三条殿に仕えたのが、伊久美の武田家家臣化より以前のことなのか、以後のことなのかは、残念ながらわからない。いずれであるかにより、三条殿の女房衆化の性格については異なる理解になるが、伊久美の親類に「小太夫」がいたことが帰参の大きな理由になっていたことは間違いない。これは、女性の係累に基づいて、男性家臣の身上が決された事例の一つとして認識されるだろう。

三条殿の男性家臣団

ちなみに、三条殿には男性家臣も存在していたことがうかがわれる。ここで、そのことについて取り上げておきたい。『甲陽軍鑑』巻八（前出刊本上巻一八〇頁）には、「御前様衆」という男性家臣団が、おそらくは三条殿の死後に「御料人様（松姫）衆」に付属されたこと、信玄の出陣中の留守を、「御聖道様（竜宝）衆」・御前様衆・蔵前衆が屋形の各構えの守備を務めたことが記されている。そして、「御料人様衆として、五味新右衛門・同伝之丞・小沢新兵衛・石黒八兵衛・前島和泉・（前島か）竹千代・朝比奈新九郎・丹沢久助・永井又五郎・有賀甚五左衛門ら三十騎があったと記されている。有賀のあとにも人名が記されていたのだろうが、「此の末、切れて見えず」とあり、欠損していたことが知られる。これらの人々は、もとは三条殿の男性家臣だったことがうかがわれる。

これらの人々のほとんどは、当時の武田家関係史料での所見は確認されない。しかし唯一、永井又五郎については、別の史料でその存在を確認できる。すなわち、天正元年（一五七三）九月（三日）付け武田家朱印状写（戦武二一六五）で、「長井又五郎」と表記されて、「御裏様」に「昼夜の御奉公」を務めていることをもって、「町次《なみ》の普請」役の免除を認められている。

御裏様に昼夜の御奉公相勉むるの条、町次みの普請許宥の旨、仰せ出さるる者也、
　天正元癸酉年九月「勝頼朱印」跡部（勝資）大炊介これを奉る
　　長井又五郎殿

ここにみえる「御裏様」については、ただちに特定できない。それについては第六章の最後で改めて取り上げることとし、ここでは当時存在していた、武田家の奥向きの統括者とみなされることだけを指摘しておきたい。これらのことから、長井又五郎は三条殿の男性家臣として存在し、その死後は松姫の男性家臣団に編成され、さらにこの時には「御裏様」の男性家臣団に編成された存在とみることができる。

そして、そこで長井は、「御裏様」に昼夜奉公していることをもって、町次の普請役、すなわち町人すべてに賦課される普請役の負担を免除されている。これにより長井は、本来は町に居住する町人

だったことがわかる。なお、「昼夜の奉公」というのは、日常的に奉公する関係にあり、その家臣団として存在したことを意味している。この長井が、当初は三条殿の男性家臣団を構成していたことは、確かと思われる。そうすると、三条殿の男性家臣団は、先に取り上げた奉公人と同じく、村落の百姓や町の町人出身者を構成員としていたことが認識できる。しかし、そもそも戦国大名家の家臣団の半数は、そうした村落や町の出身者だったと推定されるので（拙著『戦国大名』）、それ事態は珍しいことではない。

この長井の在り方をもとにすると、戦国大名家の女性に配属された家臣団を構成し続けた人々の存在を認識できるように思う。そのような存在は、私がこれまでに検討してきた北条氏康の妻・瑞渓院《ずいけいいん》殿《でん》、今川氏親《うじちか》の妻・寿桂尼《じゅけいに》の場合にもみられた。それらは大抵、台所奉行衆（膳方奉行衆）だった。武田家の家臣団にも台所奉行衆は存在していたことがうかがわれ、「甲陽軍鑑」巻八には、「御台所頭両人」として、前島加賀守と大島惣兵衛が挙がっている。

武田家の台所奉行衆については、これまで検討されたことのない問題のため、それらの在り方については何もわかっていない。しかしこの場合、台所奉行頭として前島が挙がっていて、旧「御前様衆」に前島氏の人物が一名ないし二名（名字不明の竹千代が直前の前島和泉と同名だったとすれば）存在していることからすると、関連していた可能性はあろう。もしそうであれば、三条殿の男性家臣団は、基本的には台所方所属の家臣だったことを想定できるかもしれない。

いまだ十分には史料的な裏づけをとれないものの、三条殿が武田家の台所を管轄していたこと、その男性家臣団は基本的にはその台所方所属の家臣だったこと、を認識することができるかもしれない。そしてその台所の管轄は、三条殿の死後は、信玄の未婚の娘のなかで最年長だった松姫に継承され、勝頼の家督相続後には「御裏様」に継承された可能性がうかがわれる。このことが意味する内容については、第六章で改めて取り上げることにしたい。

別妻との関係

本章の最後に、三条殿が信玄の正妻として、その他の別妻と妾との間に、どのような関係を築いていたのか、ということについて考えてみたい。もっともこの問題は、当時の史料からは、そのことを示すものが残されていないため、わかることではない。それについては、第二章で検討した三条殿の子供の出産状況と子供たちの動向、第三章で検討した別妻と妾の出産状況とそれらの子供たちの動向をもとに、総合的に把握することで導き出すことができる。したがってそれは、あくまでも関連状況をもとにした想定の域を出るものではない。しかしそれでも、それらの関連状況から、一定の法則のようなものを認識できるように思うのである。

まずは、別妻との関係について考えてみたい。信玄の別妻には、三人の存在が確認された。一人目は、信濃国衆・禰津元直《ねつもとなお》の娘で、天文十一年（一五四二）の結婚である。禰津家が信玄に従属するに際しての結婚とみなされた。本屋形とは別に屋敷が建築されているので、本屋形には居住せず、別の屋敷に居住したことがわかった。ただしその屋敷が、躑躅が崎館の内部だったのか、外部だったのかは判明しないが、内部にそのような場所の存在は想定されないようなので、おそらくは外部だったと思われる。ここから別妻は、躑躅が崎館の外部に居住したことが推測される。

この禰津元直娘には、子供は生まれなかったとみなされる。また彼女が、いつまで存命していたのかも判明していない。別妻は、信玄との婚儀も行われ、本屋形の外部に居住した存在だった。そのような状態であれば、日常的に三条殿の支配下に入っていない可能性が高かったと思われる。しかし、妻としての序列は、正妻である三条殿の下位に位置しただろうことは間違いないと考えられる。

二人目の別妻は、信濃国衆・諏方頼重《すわよりしげ》の娘・乾福寺殿で、天文十四年（一五四五）の結婚と推定された。彼女はその翌年の天文十五年（一五四六）に、四男勝頼を産んでいる。しかし、子供はこれ一人しか確認されない。彼女もおそらく、躑躅が崎館の外部に、独自の屋敷を構えて居住したのだろう。また、別妻とみなされたから、信玄との婚儀も行われたことだろう。注目しておきたいのは、子供が一人だけだったことである。もちろん、実際にはほかにも子供を産んだ可能性が全くなかった、とは言い切れないが、現在把握できる信玄の子供の状況からすると、子供は勝頼一人だけだったとみてよいように思う。

その勝頼は、その実名に、主に家臣を対象にした「勝」字を与えられたにすぎず、武田家の通字の「信」字を与えられていないという点で、元服時点では、ほかの御一門衆よりも低い地位に置かれたことがうかがわれる。勝頼の元服時期は判明していないが、一般的な元服年齢の十五歳であれば、それは永禄三年（一五六〇）のことになる。元服の時点で、勝頼は信濃国衆・高遠諏方家を養子継承することが取り決められていたとみなされる。問題は、そこに三条殿の関与があったのかどうか、ということである。つまり、正妻は別妻の子供の処遇に関与したのか、あるいはできたのか、という点を考えることになる。

結論から言えば、この場合についてどうだったのかはわからない。ただし信玄が、勝頼の実名をそのように付けていることからすると、信玄には、勝頼を三条殿所生の子供よりも、明確に低く位置づけるという意識があったことを認識できるだろう。それが三条殿の意向を受けてのことだったのか、信玄による忖度だったのか、いろいろと推測することはできると思われるが、明確な見解を出すことはまだ難しい。しかしそれでも、乾福寺殿が産んだ子供が、一人だけだったという点には、三条殿の意向が反映していた可能性はあるように思われる。

三人目の別妻は、信濃国衆・禰津常安《じょうあん》の娘で、一人目の別妻・禰津元直の娘の姪にあたったとみなされる。結婚の時期は判明しないが、永禄五年（一五六二）以前であることは間違いない。おそらくは、禰津元直の娘が死去したので、禰津家との婚姻関係を継続するためだったと思われる。彼女は永禄六年（一五六三）に七男信清を産んでいる。彼女の子供もこれ一人だけだった。このことから、別妻からは子供一人の誕生は認められたが、複数の子供の誕生は認められなかった、という推測ができるかもしれない。このことが信玄の場合だけのものか、それともほかの戦国大名家にも当てはまるのかはわからないが、検討に値する興味深い論点になると思われる。

また、その信清は、五歳になった永禄十年（一五六七）に出家させられている。信清は末男であり、戦国大名家の多くで末男を、一族の救済のために出家させている事例があることから、それにあたるとみることもできる。その一方で、社会的認知が得られる八歳以下の年齢で、早々に出家していることにも注意される。その時点で、信玄の息子のなかで成人していたのは勝頼までで、五男信盛と六男信貞はいずれも元服前だった。さらに、信清よりも下に男子が生まれる可能性も十分にあった。そのような状況のなかで、信清がわずか五歳で出家させられていることについては、信玄と三条殿による、子供の処遇への考えがはたらいているように思える。それは信清が、別妻の子供だったからではなかったか、と思うのである。

この永禄十年という年は、嫡男義信が死去し、武田家は新たな後継者を立てなければならない状況になっていた時期にあたる。三条殿所生の息子では、盲目の次男竜宝しか存在しておらず、候補者たり得なかった。そのため候補者は、別妻所生の勝頼か、妾所生の信盛のいずれかという状況にあったと思われる。そうしたなかで、別妻所生の信清が出家させられているのである。そうすると、信玄と三条殿は、別妻所生の信清を、何らかの理由を背景に出家させ、武田家の相続候補から排除した、とみることができるかもしれない。このように推測していくと、正妻は、別妻所生の子供の処遇についても、何らかの関与を行い得たように考えられる。

妾との関係

次に妾との関係について考えてみたい。信玄の妾には、油川殿《あぶらかわどの》と、信玄の七女・八女を産んだ女性の存在がうかがわれた。信玄は油川殿のほかに、少なくとも一人もしくは二人の妾を持ったと考えられた。

油川殿は、武田家親類衆の出身であるが、その立場は別妻ではなく、家臣扱いの女房衆だったと推測された。それも、三条殿の女房衆の可能性が高いとみなされた。子供の出産は、ちょうど三条殿の出産がみられなくなってからのことであり、しかも永禄六年（一五六三）まで連続的に、少なくとも二男四女の六人（あるいは七人か）を出産していた。油川殿が子供を出産している時期に、別の女性からの子供の誕生は確認されないので、その時期においては、油川殿だけが妾として存在していたことがうかがわれる。このことは、一定の管理の存在をうかがうことができ、それはすなわち三条殿によるものとしか考えられない。このようなことから、油川殿の存在とその子供たちは、三条殿の管轄下に置かれていた、と考えられた。

そして、その他の妾は、油川殿の出産がみられなくなったあとに子供を産んだと推測されたことから、出産できなくなった油川殿に代わって、妾に迎えられた存在と考えられた。その経緯からすると、それらの妾とその子供たちも、三条殿の管轄下に置かれていた、と考えられる。残念ながら、それらの妾の出身が明らかにならないが、妾とみなされるからには、油川殿と同じく親類衆や家臣の出身で、その立場は三条殿の女房衆だったと思われる。

これらのことから、信玄の妾については、正妻である三条殿に管轄されていた、とみることができるだろう。その場合、それらの妾とその子供たちは、躑躅が崎館のなかの本屋形に居住していた可能性を想定できるかもしれない。そうすると三条殿は、自身が出産しなくなって以降は、女房衆から信玄の妾を選抜し、そこから産まれた子供たちについても、自己の統制下に置いていたことがうかがわれる。このことから正妻は、妾とその子供たちについても管轄していたといえ、そのことがすなわち、正妻による大名家の奥向き統制において、重要な要素だったとみることができるように思われる。

このように三条殿は、信玄の正妻として、信玄と別妻および妾との関係について、全面的に管理していたことがみえてくる。そのことはすなわち、正妻が、男性当主の性をコントロールしていたことを意味する。これまでの通念では、男性当主の性は、男性当主の自主性をもとに認識されていたと言ってよい。しかし、三条殿の場合をみてみると、そうではなく、正妻がコントロールしていたことがうかがわれるのである。このことは、これまでの認識を大きく転回させよう。もちろんこれは、あくまでも仮説にとどまり、今後、ほかの事例にあたりながら検証していく必要がある。とはいえ、私がこれまで検討してきた、北条氏康の妻・瑞渓院殿や今川氏親の妻・寿桂尼の場合を思い起こすと、かなり確度の高い推定と思われるのである。

もし戦国大名家において、男性当主の性が、正妻のコントロールのもとにあったとすれば、これまで漠然と男性当主の主体性から認識してきた事柄について、大きな認識の転換をもたらすことになろう。その恰好の素材になるのが、羽柴（豊臣）秀吉の事例だろう。秀吉は、多くの別妻と妾を持っていたが、子供を産んだのは別妻の浅井茶々だけだった。そのことについて、これまでは、秀吉には子供をつくる能力が乏しかったと理解されてきた。ところが、先の認識をもとにこのことを捉え直すと、その認識は大きく転回される。すなわち、正妻の木下寧々は、浅井茶々にのみ、子供を産むことを承認したのである、という理解も不可能ではないのである。このことが妥当かどうかは、改めて木下寧々とそれら別妻たちとの関係について検討する必要があろう。この問題は、これまでの認識を反転させるほどの重要性を持つに違いない。

第五章　子供たちの盛衰

義信の元服

三条殿が子供を産んでいたのは、天文七年（一五三八）から同十六年（一五四七）頃まで、十八歳から二十七歳くらいのことだった。それからしばらくすると、子供たちは順次、成人を迎えるようになり、武田家の嫡出子として、武田家の政治・外交関係において一定の役割を担うようになっていく。そうした子供たちの処遇に、三条殿は正妻、さらには「家」妻として、一定の関わりを持ったことだろう。

この章では、子供たちの動向を辿りながら、そこに三条殿がどのような関わりをみせたと推測できるのか、考えていくことにしたい。

子供たちのなかで最初に動きがみられたのは、第一子で、かつ嫡男だった義信である。義信が史料にみえる最初は、まだ元服前の天文十九年（一五五〇）五月二十三日に、

屋形《（信玄）》様・御曹司様台所に御出で候時、源七と小六酔狂にて三郎疵を蒙る、是を狐鳴き候や、

と、信玄と「御曹司様」（義信）が、屋形の台所に赴いた時に、奉公人が事件を起こしたことが記録されている（「甲陽日記」山6上・九三）。そして、同年十二月七日に十三歳で元服し、仮名太郎を称した（同前・九五）。ちなみに、このことを受けてとみなされるのが、翌天文二十年（一五五一）二月一日に、

左馬介《（武田信繁）》、吉田名字御祝儀御申し候、

と、信玄の長弟・典厩家信繁が、御親類衆の吉田家の名跡を継承していることである（同前・九五）。これは信繁が、武田本宗家の構成員ではなく、御一門衆家として独立したことを意味するとみなされる。おそらく信繁は、それまでは信玄の後継スペアの立場にあったのだろう。それが義信の元服により、義信の後継者としての立場が確立したため、信繁の立場は、純粋な御一門衆の立場に切り替えられ、典厩家として確立されたと考えられる。

義信の婚約

元服から半年が過ぎた、天文二十年（一五五一）七月二十六日に、

孫六《(信廉)》、御前迎えに出て、駿府に着す、

と、叔父の信廉が、「御前迎え」のために今川家の本拠・駿府を訪問している（同前）。これは義信の結婚に関するものとみなされ、この時に今川義元の娘・嶺寒院殿《れいかんいんでん》との婚約が成立したと推定される。なお、信廉の「御前迎え」について、義信の結婚ではなく、信廉の結婚に関するものとみる見解があるが、前後関係から判断して、義信の結婚に関するものとみなしてよい。

この結婚は、今川・武田・北条三大名家が相互に婚姻関係を結び、互いに攻守軍事同盟を締結する、駿甲相三国同盟の成立の一環としてなされたものだった。きっかけは、前年六月二日に、今川義元の正妻で、信玄の姉にあたる定恵院殿《じょうけいいんでん》が死去し、武田・今川両家の婚姻関係が断絶したことにあった。両家は改めて婚姻関係の形成を図ると共に、これに北条家を加えて、三者間同盟の形成を進めたのである。

駿甲相三国同盟の関係図（黒田基樹『図説　戦国北条氏と合戦』所収図をもとに作成）

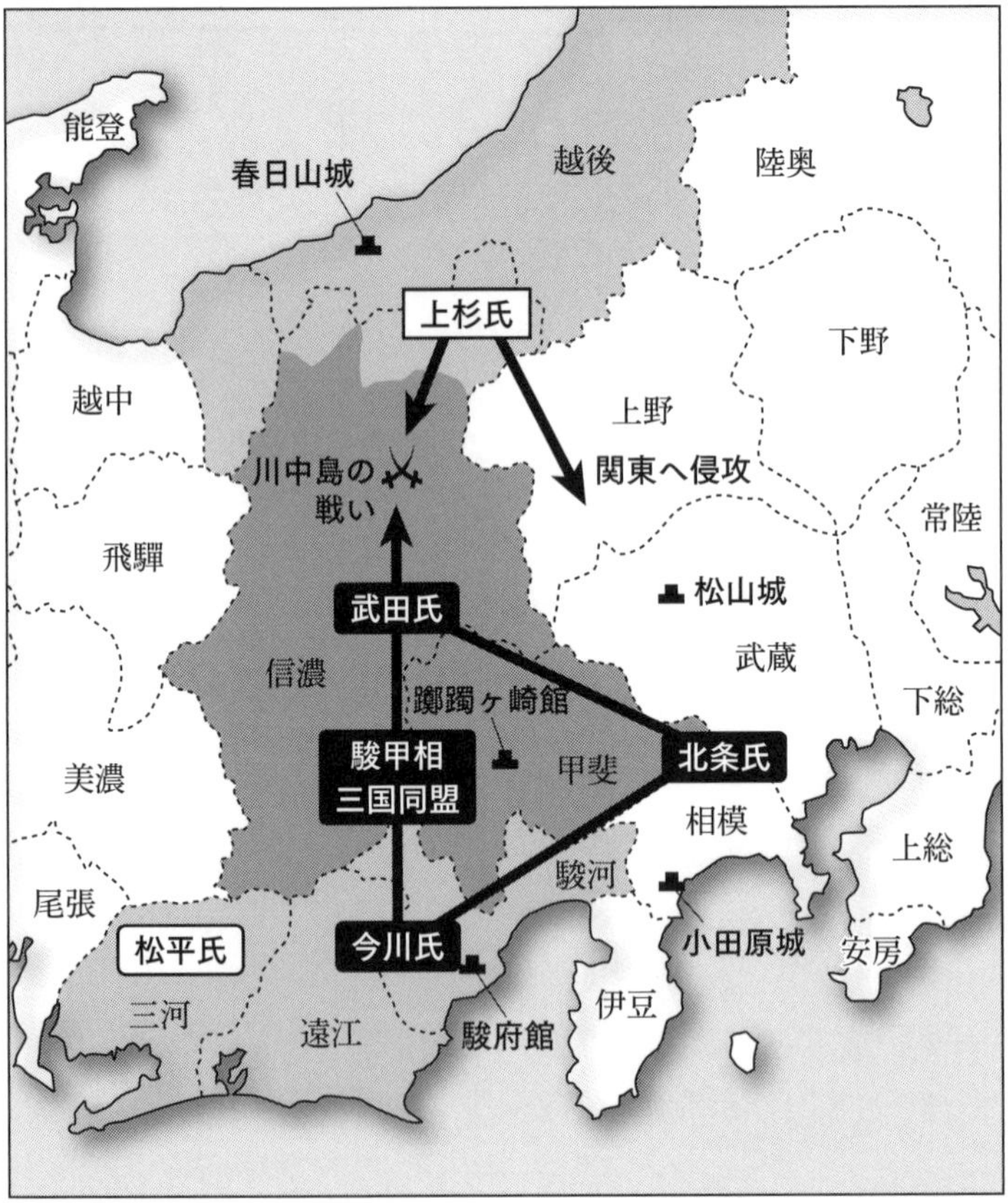

信廉が駿府を訪問した同日に、

　未刻、小田原の使者遠山(綱景)方に御対面、烏帽子落ちの由聞き候、

と、北条家からの使者が甲府に到着していた。言うまでもなく、これは武田家と北条家との婚約の成立に伴うものとみなされる。この使者の訪問は、いずれも嫁を迎える側から、相手方に派遣されたものになっている。そうすると同日に、今川家から北条家にも使者が派遣されたに違いない。

　この婚約成立を受けて、八月二十三日に、

　御曹司様の西の御座立て始む、

武田・今川・北条家婚姻関係系図

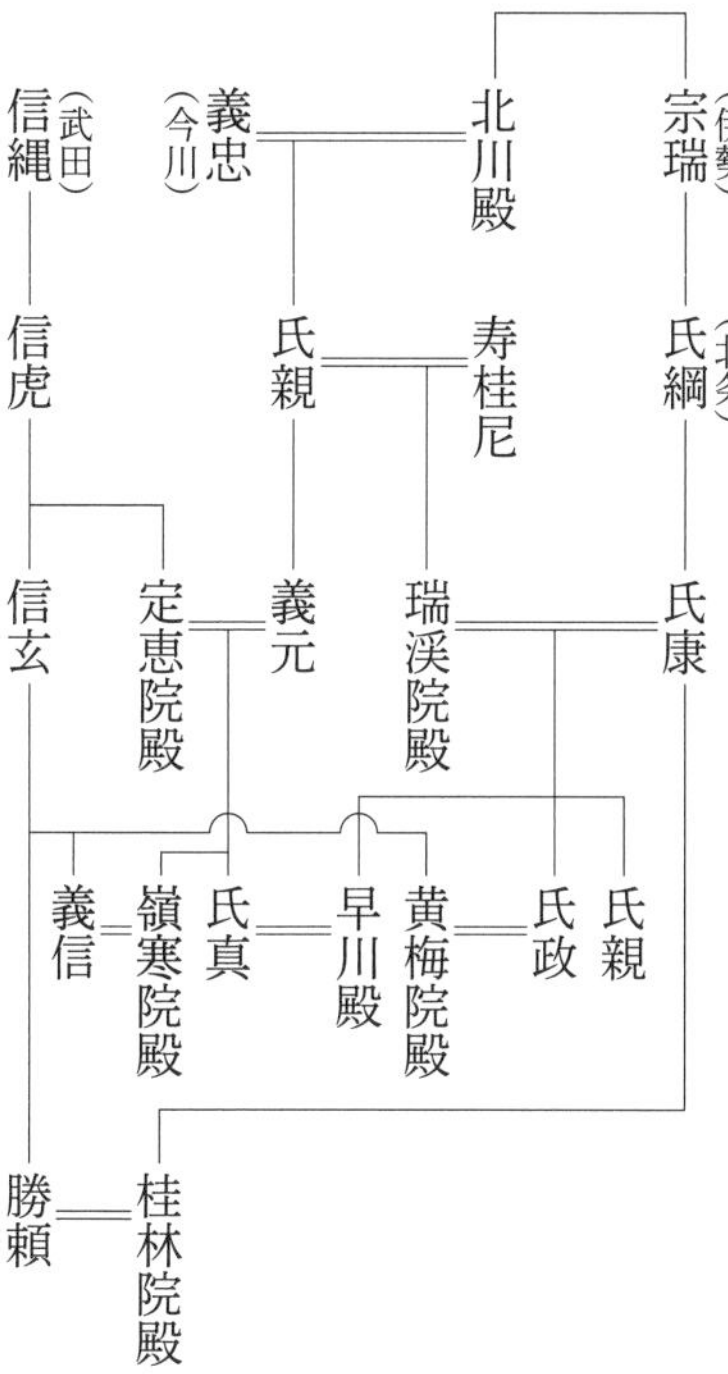

と、義信の新居となる西屋形の建築が開始された（同前・九六）。前章で三条殿に奉公する番匠の存在を指摘したが、もしかしたら、こうした家族の住居に関わる建築については、三条殿が差配していたのかもしれない。そうであれば、それは「家」妻の役割として認識できることになろう。

次いで翌天文二十一年（一五五二）正月八日に、

　未刻亥の方に向かい、太郎様御具足召し始め、

と、具足召し初めを行っている。未刻（午後二時前後）のことという（同前）。これによって初陣の準備も整った。その具足は、三条殿が用意したに違いない。具足の用意は「家」妻の役割とみなされるからである。

二月に入ると、今川家との間で起請文交換の交渉が開始されている。「甲陽日記」には、

　朔甲巳、駿府へ御使者を遣わさる、
　二日、駿府へ着す、小林所宿、穴山（信友）殿旅宿へ参る、一（一宮出羽守）出・高（高井兵庫助）兵と相談致し、義元へ披露す、
　三日、一出より御誓句の案文請け取る、
　翌（四日）日、飛脚を以て甲府へ進上仕り候、

五日節、
六日、巳・午の刻、義元へ出仕仕る、

とある（同前）。二月一日に信玄は、側近家臣の駒井政頼（高白斎）を使者として今川義元のもとに派遣している。駒井は駿府で、小林という者の屋敷に逗留し、穴山武田信友の旅宿に赴いている。このことから、穴山武田家が駿府に旅宿を持っていたことがわかる。これは同家が、今川家への取次を務めていたことによる。これによって取次には、旅宿が与えられたことがわかる。そこで駒井は、今川家における武田家への取次担当の一宮出羽守・高井兵庫助と談合し、その内容は義元に報告されている。

それを受けて翌三日に、一宮出羽守から起請文の案文《あんもん》が提示され、駒井はそれを受け取っている。起請文は、信玄から義元に差し出すもので、その文面が義元から示されたのだった。前日における駒井と一宮らの談合は、その文面に関することだったに違いない。駒井はその案文を、飛脚で甲府の信玄のもとに送っている。そして六日に、駒井は直接、義元のもとに出仕している。ここで信玄が義元に差し出すことになる起請文は、義信の婚姻に関わるものだった。

起請文の交換は四月に行われた。「甲陽日記」には、

朔日癸丑、義元への御誓句、一出《(一宮出羽守)》に御渡し候間、翌日、定林院坂本《(木)》へ越され候、
六日節、
八日、一出に来たる、十一月必ず甲府へ御輿入れるべき御書、一出請け取る、甲府へ帰る、

とある（同前・九七）。四月一日に、信玄から義元への起請文が、一宮出羽守に渡されている。これは駒井から渡したものだろう。駒井はその間もずっと、駿府に滞在を続けていたと考えられる。駒井はそのことを、信濃坂木に在陣している信玄に、定林院を使者にして連絡している。そして八日に、一宮出羽守の訪問を受けて、義元から信玄への起請文を受け取っている。その内容は、必ず十一月に輿入れさせる、ということを誓約したものだった。駒井はこれを受け取ると、ようやく甲府に帰還したのである。

義信の結婚

こうして義信と嶺寒院殿の婚約が、正式に成立をみた。これを受けて義信は、天文二十一年（一五五二）四月二十七日に「太郎様御屋移り」とあって、新築なった西屋形に移住している。結婚に向けての独り立ちだった。ただし、屋形はまだ建築中で、ようやく六月二十一日に「御（曹）司様の対の

屋敷棟上げ」とあって、完成している（同前）。

そうして十一月二十七日に、いよいよ義元の娘・嶺寒院殿との婚儀を行った。「甲陽日記」には前後の状況について、

> 十九日丁酉、御輿の迎えに出府、当国衆駿河へ行く、
> 廿二日庚子、御新造様駿府を御出で、興津に御泊まり、
> 廿三日、うつぶさ、
> 廿四日、南部、
> 廿五日、下山、
> 廿六日、西郡、
> 廿七日乙巳、酉・戌の刻府中穴山宿へ御着、子・丑の刻御新造へ御移り、
> 廿八日冬至、三浦（氏員）出仕、御対面、
> 廿九日、高井・三浦方へ宿へ礼に遣わさる、
> （十二月）癸丑（五日）、高井方を呼ぶ、
> 六日、三浦帰府、
> 十四日、高井帰府、

と記している。婚儀を受けて嶺寒院殿は、「御新造」屋形に入っている（同前）。すなわち西屋形にあたろう。

婚儀にあたっては、十月十九日に、武田家家臣が迎えのために駿府へ向けて甲府を出立していた。嶺寒院殿が駿府を出立したのは二十二日だった。その日は駿河興津《おきつ》（静岡県静岡市清水区）に宿泊、二十三日に内房《うつぶさ》（同富士宮市）、二十四日に甲斐河内領の南部《なんぶ》（山梨県南部町）、二十五日に同下山《しもやま》（同身延町）、二十六日に西郡と宿泊を重ねて、二十七日の酉・戌刻（午後七時前後）に甲府の穴山武田家の屋敷に到着し、子・丑刻（午前一時前後）に躑躅が崎館の西屋形に入ったという。婚儀は真夜中に行われたのだった。嶺寒院殿が直前に穴山武田家の屋敷に入っているのは、同家が今川家への取次担当だったからである。

婚姻行列の様相については、「勝山記」に記されている。

> 此の年霜月廿七日に駿河義元（今川）の御息女様を、甲州の晴信（武田）様の御息武田太郎様御前になおしめされ候、去る程に甲州の一家・国人煌めき言説に及ばず候、武田殿人数には、さらに熨斗付け八百五十腰、義元様の人数には五十腰の御座候、輿は十二丁、長持廿かかり、女房衆の乗鞍馬百疋御座候、両国よろこび大慶は後代に有る間敷く候、其の中にも小山田弥三郎（信有）殿一国にて御勝れ候、

迎えに出た武田家の行列は、「さら」（鞘か）に熨斗付けの拵えをした太刀を帯びた八百五十人、同行する今川家の行列は五十人の武者、輿十二丁、長持二十丁、嶺寒院殿に付き添う女房衆の乗鞍馬は百疋というものだったという（「勝山記」山6上・二四〇）。この婚儀に、甲斐・駿河両国の喜びは後代には無いことだろうと評されている。また今川家からは、家老筆頭の三浦氏員や取次担当の高井兵庫助が同行しており、三浦は十一月二十八日に信玄に出仕している。三浦は十二月六日に、高井は十四日に帰還している（「甲陽日記」同前・九八）。その間には、数度となく宴席が催されたことだろうし、その準備は、台所方を管轄していたとみなされる三条殿によって差配されたことだろう。こうして嫡男義信は、嶺寒院殿と結婚した。

翌年の天文二十二年（一五五三）七月二十三日には、

京都より太郎様へ御一字下され候、

と、室町幕府将軍足利義輝《よしてる》（当時は義藤《よしふじ》）から義信に偏諱《へんき》を与えることを伝える使者が到着している（同前・九九）。おそらく信玄は、義信の結婚を受けて、足利義輝に偏諱の授与を申請していたのだろう。ただし、前年末から京都情勢は混乱をみせるようになっていて、この時、義輝は軍事行動を展開していた。義輝の許可がこの時期に到着しているのは、そうした情勢によるものだったろう。実名は「義信」と決められ、十二月十九日の午・未刻（午後一時前後）に、

午・未の刻、義信御名乗りの開きの御祝儀、

と、実名の名乗り開きの祝儀を行っている（同前・一〇一）。こうして武田家嫡男として、「武田義信」が誕生した。義信は十六歳になっていた。

黄梅院殿の結婚

義信の結婚と並行して準備が進められたのが、長女・黄梅院殿《おうばいいんでん》の結婚だった。彼女は、北条家の嫡男との結婚が取り決められた。先に触れたように、天文二十年（一五五一）七月二十六日に、北条家の筆頭家老にあたる遠山綱景《つなかげ》が甲府を訪問してきており、この時に、北条氏康の嫡男・氏親《うじちか》（当時は幼名西堂丸か）との婚約が成立したとみなされる。黄梅院殿はまだ九歳で、婚約相手の氏親は天文六年（一五三七）生まれ、黄梅院殿よりも六歳の年長だった。

しかし、その氏親は、翌天文二十一年（一五五二）三月二十一日に十六歳で死去してしまった（拙

著『北条氏政』など）。北条家では、それに代わる嫡男として、二歳年少の氏政（当時は幼名松千代丸か）を立てることになる。それを受けて、信玄と北条氏康は、改めて黄梅院殿と氏政の婚約を進めるのだった。そうして天文二十二年（一五五三）正月十七日には、

　小田原より使者に御対面の時、小山田（信有）・宮川（将監）ばかり烏帽子着け申され候、

と、北条家からの使者が派遣されてきている（「甲陽日記」山6上・九八）。信玄は使者に対面し、同席した武田家家臣には郡内小山田《おやまだ》信有《のぶあり》と宮川将監らがあった。両者は北条家への取次担当で、そのため両者のみ烏帽子を着用していたという。

　正月二十日に、

　氏康（北条）より御状並びに紬十端、彦六郎（穴山武田信君）方へ給わり候、宮川将監自面の樽・二百疋・太刀一腰持参、
　返礼にきまうろく一巻持ち行く、

と、氏康から信玄に宛てた起請文と進物が、御一門衆の穴山武田信君に渡されている。また、北条家の使者からの進物を、宮川将監が信玄のもとに持参してきている。進物は自面の樽・銭二百疋（二貫文、

約二十万円）・太刀一腰だった。信玄はその返礼として、「きまうろく」一巻を贈っている。この日頃まで、北条家の使者は滞在していたのだろう。その後、二月二十一日になって信玄は、

戌刻、来る甲寅《（天文二十三年）》の年、小田原へ御輿入れらるべきの由、晴信公よりの御誓句、氏康よりの御誓句は、去る正月十七日に来たる、

と、氏康に宛てて起請文を作成し、翌年の天文二十三年（一五五四）に黄梅院殿を小田原に輿入れさせることを誓約した。すぐに北条家に送られたことだろう。これを受けて三月十七日に、

小田原より南条《（綱長）》着府、

と、北条家からの使者として南条綱長が派遣されてきている（同前）。こうして新たな婚約は成立をみたとみなされる。また、婚約の成立にあたっては、ここでも双方で起請文を交換していることがわかる。その際、起請文を出す手順としては、先の義信と嶺寒院殿の婚約の場合をみても、嫁を迎える側が最初に作成し、それを受けて嫁を出す側が作成する手順になっていた。

婚儀は当初、天文二十三年十月に行われることが予定されていたが、その時、北条家では前古河公《こがく》

方《ぼう》・足利晴氏《はるうじ》の謀叛事件の鎮圧にあたっていたため、婚儀は延期されたとみなされる。そして同年十二月に、婚儀が行われた。その様子については「勝山記」に記されている。

此の年の極月、甲州武田の晴信様の御息女様を、相州の氏安（北条氏康）の御息新九郎（氏政）殿の御前に成され候に、去る程に甲州の一家・国人色々の様々を煌めき、或いは熨斗付け、或いはかいらけ、或いは片熨斗付け、或いは金覆輪の鞍を、輿は十二丁、蟇目の役は小山田弥三郎（信有）殿めされ候、御供の騎馬甲州より三千騎、人数は一万人、長持四十二丁、承け取り渡しは上野原にて御座候、相州より御迎いには遠山（綱景）殿・桑原（盛正）殿・松田（盛秀）殿、是も二千騎計りにて罷り越候、去る程に甲州の人数は皆悉く小田原にて越年めされ候、小山田弥三郎殿両国一番の仕付けの人に取られ候、小山田殿の御内には小林尾張守殿、氏安の御座へ御参り候、加様なる儀は末代に有る間敷く候間、書き付け申し候、

婚姻行列は、輿十二丁、騎馬武者三千騎、人数は一万人、長持四十二丁というものだった。送り届け役は、北条家への取次担当の家老・小山田信有が務め、北条家からの迎えには、家老の遠山綱景・松田盛秀《もりひで》と取次担当の桑原盛正が騎馬二千騎でやって来た。そして、郡内領上野原《うえのはら》（山梨県上野原市）で受け渡しが行われた（「勝山記」山6上・二四二）。

こうして黄梅院殿は、北条氏政と結婚した。まだ十二歳にすぎなかった。その婚姻行列は、供奉の

人数は一万人、騎馬三千騎という極めて大人数であり、迎えの北条家の行列も騎馬二千騎という大人数だった。先の義信の結婚の場合、同行する今川家家臣は五十人、迎えの武田家家臣も八百五十人にすぎなかったことと比べると、桁違いになっている。輿の数量は同じだが、嶺寒院殿に供奉した長持が二十丁なのに対して、黄梅院殿の場合は、その倍以上の四十二丁になっている。

婚姻行列の規模は、送る側の威信を示すものだったろう。信玄と三条殿は、北条家とは初めての婚儀だったため、北条勢力に対して精一杯に国力をアピールしようとしたのかもしれない。それは、黄梅院殿のその後の結婚生活を、それだけ案じていたことの裏返しだったように思われる。

竜宝と信之の養子入り

嫡男義信と長女黄梅院殿の婚約が成立したことを受けるようにして、次男竜宝（信親）と三男信之の養子縁組が、相次いで取り決められていった。第二章で述べたように、竜宝は、まだ幼名を聖導丸といっていた時期の、天文二十年（一五五一）か同二十一年（一五五二）に、信濃国衆・海野《うんの》幸義《ゆきよし》の婿養子になったと推定され、信之は天文二十一年九月までに、御一門衆の安田武田義信の養子になったと推定された。竜宝は天文十年（一五四一）生まれだったから、同二十年には十一歳にすぎなかった。信之は天文十四年（一五四五）生まれと推定されたから、同二十一年には八歳にすぎなかった。どちらも元服前の少年だった。

竜宝の海野家への婿養子入りは、天文十九年（一五五〇）の砥石城《といし》（長野県上田市）攻略に伴い、海野家の領国だった海野領の経略を果たしたことを受けてのものとみなされた。この海野領は、その時点において、信濃北部の有力国衆である村上義清《よしきよ》と、上野の山内《やまのうち》上杉憲政《のりまさ》に対する最前線の領国にあたっていた。海野領には、それまで上野に逃れていた海野家一族やその家臣が帰住するようになったとみなされる。

その海野家一族のなかには、前代幸義の嫡男幸光（左馬亮）も存在していた。海野家を再興するのであれば、その幸光を当主にすればよいとも思われるが、信玄はそうせずに、幸義の遺女、すなわち幸光の姉妹に竜宝を婿入りさせ、竜宝を海野家当主に据えることにした、ということになる。前代の幸義は、天文十年に、武田信虎・村上義清・諏方頼重による小県《ちいさがた》郡侵攻の際に戦死している。その遺女というから、同年以前の生まれだったことは間違いない。したがって、竜宝よりも、少なくとも一歳以上の年長にあたったことになろう。

竜宝の婿養子入りについては、海野家一族・家臣の側から要請があったのか、信玄が構想したものなのかは、判断がつかない。ただ、いずれであっても、海野領が最前線の領国であることを受けて、その確保のために、実子によって継承させ、その領国と一族・家臣の統制にあたらせようとしたことは確かと思われる。とはいえ、竜宝はまだ年少であり、実際に十六歳となった弘治二年（一五五六）

の時点でも、甲府に居住し、まだ元服前で幼名を称していた（戦武五一〇）。そうすると、実際の海野領統治や家臣団統制には、陣代などの代行者が置かれたと考えられるが、具体的な状況についてはまだ明らかになっていない。

その弘治二年に竜宝は失明してしまった。しかしながら、すでに海野家当主になっていたため、元服して、海野二郎信親を名乗ったとみなされる。それでも、実際に領国に入部することはなく、それゆえ家臣団の軍事指揮にあたることもなかったと考えられる。竜宝は、引き続き甲府に居住し、「御聖導様」と尊称され続けるのだった。

信之は、天文二十年まで、有力な御一門衆として存在していた、安田武田三郎義信の家督を継承したと推定されている。武田三郎義信は、信玄が家督を継いだ天文十年から同二十年まで、御一門衆のなかでは、信玄の長弟・信繁に次ぐ地位にある存在だった。系譜的な位置は判明していないが、そのように高い地位にあることからすると、近親の一族だったに違いない。その三郎義信が、同年を最後にみられなくなっており、そのため天文二十一年頃に、信之が養子に入って、その家督を継承したと推定されている。

この場合は、近親の有力御一門衆の家名とその役割を断絶させないため、実子を入れてその存続を図ったものと考えられる。信之が元服した時期は不明であり、歿年齢も系図史料にみえる「十歳」という所伝通りだった確証は得られておらず、元服年齢に達した可能性も排除できない。それでも、永禄七年（一五六四）までに死去していたことは確実である。年少での継承だったから、やはりこの信之の場合も、所領と家臣団統制には、陣代などの代行者が置かれたに違いない。その一人として、野村勝政の存在も想定された。

竜宝と信之は、どちらも元服前の年少でありながら、他家を養子相続するものとなった。年少だったため、甲府を離れることなく済んでいたが、他家を相続したことには違いがない。海野家も安田武田家も、年少の実子によって継承させていることからすると、当時の信玄にとっては断絶させることができない、重要な存在とみなされていたのだろう。

見性院殿の結婚

義信・黄梅院殿の結婚、竜宝・信之の養子入りに次いでみられたのが、三条殿には末子にあたる次女・見性院殿《けんしょういんでん》の結婚になる。見性院殿の結婚時期については判明していないが、第二章で検討したところでは、庶出の妹・真竜院殿が弘治元年（一五五五）には婚約していることをもとに、見性院殿の婚約はそれ以前のことで、具体的には前年の天文二十三年（一五五四）頃のことではないかと推定した。見性院殿は、天文十六年（一五四七）頃の生まれと推定されるので、その時は八歳にすぎなかったことになる。

そのことを前提にして、見性院殿の結婚について考えてみることにしよう。この天文二十三年は、先にみたように、姉の黄梅院殿が結婚した年にあたっている。その時期に、嫡出の次女だった見性院殿の婚約がなされたことになる。

まず考えるべきは、なぜそのような幼い時期に、婚約が決められなければならなかったのか、ということだろう。ただ、信玄の娘の婚約年齢をみてみると、総じて早いのが特徴である。妹たちは、真竜院殿が六歳、松姫が十二歳、菊姫が八歳、という具合であり、松姫が少し遅いだけで、あとはすべて八歳以下になっている。そうすると信玄は、娘が八歳くらいになると、婚約を決めていたことがうかがわれ、見性院殿の婚約年齢も、不自然なものではなかったことがわかる。

では、なぜ相手が、穴山武田信君《のぶただ》だったのだろうか。信玄の嫡出の娘であるから、結婚相手は武田家と対等か、それに準じる存在に限定されたことだろう。当時の武田家が同盟関係を形成していた戦国大名家は、駿河今川家と相模北条家だけで、それらについてはそれぞれ、義信と黄梅院殿の婚姻関係が結ばれていた。従属国衆は、ほぼ信濃全域に広がっていたが、娘が嫁ぐに相応しい政治的地位にあったのは、やがて真竜院殿が結婚する、木曾領の木曾家くらいだった。しかし、まだこの時期には、従属の意思を表明してきた状態にすぎなかった。そのような状況からすると、見性院殿の婚約相手に相応しいのは、有力御一門衆しか存在しなかったとみなされる。

そして、有力御一門衆のなかで、婚約相手になり得たのは、信玄の姉・南松院殿《なんしょういんでん》（生年不明～一五

武田・大井家関係系図

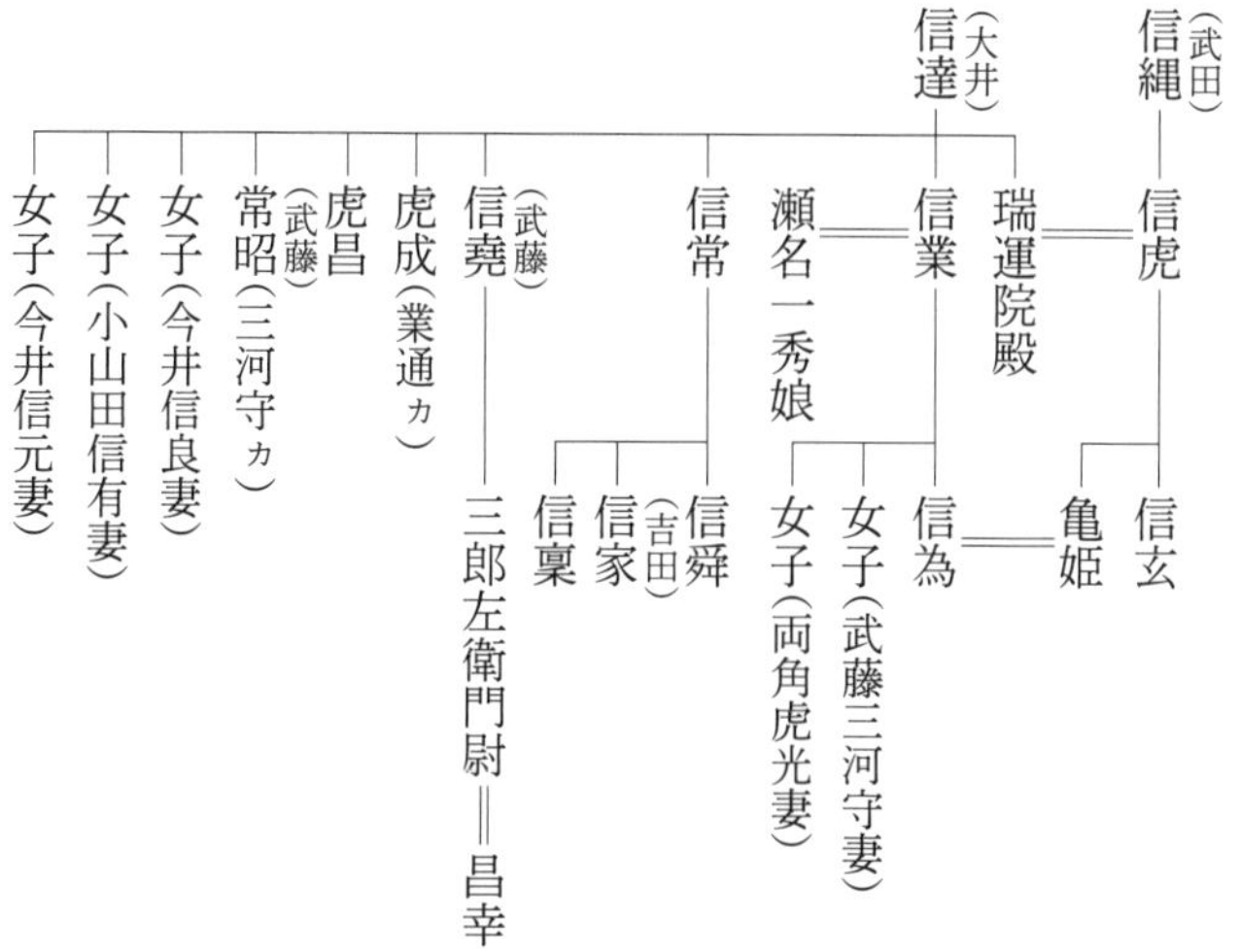

六六）の嫁ぎ先の穴山武田家か、信玄の母・瑞運《ずいうん》院殿《いんでん》の実家で、妹・亀姫（一五三四～五二）の嫁ぎ先の大井武田家くらいしか見当たらない。穴山武田家は、河内領を領国とする国衆的な領主で、当時の当主・信友《のぶとも》（一五〇六～六〇）は、信玄の姉・南松院殿を妻にしていて、その間に、天文十年生まれの嫡男信君があった。

大井武田家は、西郡の有力領主だったが、この時点での当主は、庶家出身の信舜《のぶきよ》（生歿年不明）だった。その直前の天文十八年（一五四九）までは、瑞運院殿の兄信業《のぶなり》の子で嫡流の信為《のぶため》（一五三〇～四九）が当主だったが、わずか二十歳で死去していた。妻の亀姫は信玄の妹だが、それも天文二十一年に十九歳で死去していた。信為にはおそらく、幼少の子があったのだろう。信玄は信為の死去を受けて、その叔父（信業の弟）の信常《のぶつね》（生年不明

～一五五一）を家督の名代に任じているが、その信常も天文二十年に死去したことで、その子の信舜が家督を継いでいた、という状態だった。信為・亀姫夫妻の子が生存していたのかは不明だが、大井家の嫡流はその人物であり、信玄の嫡出子が結婚できるのは、彼しか該当しなかっただろう。しかし、余りに幼少にすぎていた。

こうしたことから、御一門衆のなかで見性院殿の婚約相手になり得たのは、穴山武田信君しか存在していなかった。御一門衆のなかでは当時、同家は典厩家信繁に次ぐ地位にあった。しかも信君は、信玄の姉・南松院殿の所生だったから、血縁の甥にあたっていた。選択肢はこの信君しかいなかったと言っていい。このような事情から、見性院殿は信君と婚約することになったと思われる。この結婚は、おそらくは信君が穴山武田家の家督を継承した、永禄元年（一五五八）のことだったと推測される。信君はこの年の閏六月から十一月の間に、父信友から家督を譲られて、穴山武田家の当主になっている。この家督交替は、武田本宗家の、しかも嫡出の娘を妻に迎えるにあたって行われた可能性が考えられよう。見性院殿はまだ十二歳だったが、姉・黄梅院殿も同年齢で結婚しているので、これも武田家では不自然なことではなかったことだろう。

こうして見性院殿は、穴山武田信君と結婚した。これによって三条殿が産んだ子供たちの処遇は、すべて決まった。見性院殿の結婚が、このように永禄元年のことだったとすれば、三条殿は三十八歳になっていた。長男義信は、武田家の嫡男の立場を確立していたが、次男竜宝は盲目になっていて、義信を支える活動はできなくなっていた。三男信之も、すでに死去していたことになるが、まだ生存していたとしたら、義信の後継スペアの地位にあったことだろう。長女の黄梅院殿は相模北条家に嫁ぎ、北条家との政治関係の紐帯の役割を担っていたが、まだ男子を産んでいないのが懸念されたことだろう。そして次女の見性院は、有力御一門衆の穴山武田信君と結婚し、これも義信を支える有力な存在とみなされたことだろう。

三条殿は、こうした子供たちの処遇に接して、どのように感じていたのだろうか。それは、信之が生存していたかどうかで大きく異なるものの、それでも末子の見性院殿が身近に存在し続けることになったことは心強かったのではなかろうか。そのような状況から考えると、確かな根拠があるわけではないが、三条殿が子供たちのなかで、何よりも信頼していたのは、この見性院殿ではなかったか、と思うのである。

真竜院殿と木曾義昌の結婚

見性院殿の婚約に続くようにして、庶出の三女・真竜院殿が婚約することになった。とはいえ、その時期について確定できているわけではない。木曾家が信玄に従属したのは、天文二十三年（一五五四）八月のことである。「甲陽軍鑑」巻一〇は、それを翌弘治元年（一五五五）のこととし、木曾義康《よしやす》・

義昌《よしまさ》父子が甲府に出仕してきて、その際に真竜院殿と義昌の婚約がなされたように記している。木曾義康・義昌父子が、従属を受けて甲府に出仕してきて、真竜院殿と義昌の婚約が成ったという経緯は、信じてよいように思う。

問題はその時期である。木曾父子の出仕が、従属後すぐに行われたとすれば、それは天文二十三年のこととみなされる。そうではなく、少し時期が遅れていたとしたら、それは「甲陽軍鑑」が伝えるように、弘治元年のこととみることもできる。いずれにしても、天文二十三年か弘治元年には、真竜院殿と木曾義昌の婚約が成ったとみてよいだろう。真竜院殿は天文十九年（一五五〇）生まれだったから、五歳か六歳でのことになる。相手の木曾義昌は天文九年（一五四〇）生まれだったから、十五歳か十六歳でのことになる。義昌の年齢を踏まえると、義昌は元服を受けて甲府に出仕してきて、それに伴って真竜院殿との婚約が成された、という経緯を推測できるかもしれない。

この婚約は、信玄が娘を初めて、領国内の国衆家と結婚させるものになった。結果として、信玄の娘のなかで、国衆家と結婚するのは、この真竜院殿の場合だけになる。それだけ、この時点における木曾家の存在が重要であり、そのために安定的な政治関係の構築が求められ、婚姻関係の形成を図ったのだろう。木曾家は、木曾郡一円を領国とした規模の大きな国衆であり、隣接する東美濃にも政治的影響力があった。武田領国のなかでは、西の境目を固める存在に位置していた。木曾家の立場は、あくまでも外様の国衆だったが、この婚姻によって、御一門衆に準じる存在となったのである。

真竜院殿が、わずか五歳か六歳にかかわらず婚約することになったのは、このように当時における木曾家の存在の重要性によると考えられる。実際に、弘治元年から、武田家は木曾家の動向を受けて、東美濃にも政治勢力を進展させていくのだった。そうした状況にあって、木曾家との政治関係の密接化は不可欠のことと認識され、それゆえの婚約だったと思われる。とはいえ、真竜院殿はまだ幼少だったので、実際の結婚はそれよりも後年のことだった。

結婚の時期についても、正確なことは判明していないが、第三章では、永禄六年（一五六三）のことではないかと推定した。同年に義昌の甲府出仕があり、その翌年に、それへの返礼として信玄の木曾訪問が検討されていることから、それを結婚に伴う、婿入り訪問と、その返礼としての舅入り訪問とみることができるのではないか、と考えたからである。そうだったとしたら、真竜院殿はこの時十四歳になっているので、結婚に適した年齢に達していたと言える。

この結婚にあたって注意すべきこととして、真竜院殿の母について、「(米沢)源姓武田氏系図」では、三条殿と伝えられていることが挙げられる。もとより系図史料での記載なので、全幅には信頼できない。誤伝の可能性も十分にある。しかしこの場合、米沢上杉家には木曾家一族の義興と義重が家臣になっており、義興は義昌と真竜院殿の子と伝えられ、義重の妻・伊摩も両者の子と伝えられていることからすると、その所伝には一定の信憑性を認めることができるように思われる。真竜院殿の母は、実際には油川殿とみなされるので、この所伝は、真竜院殿が木曾義昌と結婚するにあたり、正妻の三条殿と養子縁組し、公式にはその娘に位置づけられた可能性が想定できる。

当時、このような庶出子が、正妻と養子縁組をして、公式には正妻の子として存在した、という事例は多く確認できる。私がこれまでに検討してきたなかでも、北条氏康の五男氏邦《うじくに》や五女浄光院殿《じょうこういんでん》（足利義氏《よしうじ》の妻）の場合（拙著『北条氏康の妻　瑞渓院』）、北条氏政の三男源五郎や四男氏房《うじふさ》（さらには五男直重・六男直定もか）の場合（拙著『北条氏政』）、今川氏親の三男義元や四女・瀬名貞綱の妻の場合（拙著『今川のおんな家長　寿桂尼』）、などがみられていた。そうした状況を踏まえてみれば、真竜院殿の場合についても、三条殿と養子縁組した可能性は、十分に想定されるのである。

真竜院殿が、三条殿の娘として木曾義昌と結婚したことは確かなことだろう。そのことはすなわち、この結婚は、信玄の嫡出子の体裁をとらなければならない、重要な性格にあったことを示している。それによって逆に、三条殿の存在が、武田家の政治・外交上において、極めて重きをなしていたことが認識される。

庶子勝頼の台頭

信玄の息子のうち、庶出子のなかで最年長にあったのが、諏方頼重の娘（乾福寺殿）から産まれた四男勝頼だった。天文十五年（一五四六）生まれだから、およそ永禄三年（一五六〇）頃の元服だったと推定される。しかし、実際に政治活動が確認できるのは、その二年後の永禄五年（一五六二）からになる。庶出子だったために元服が遅くて、その年に元服した可能性もある。その場合には十七歳での元服ということになる。いずれにしても、その時には母の乾福寺殿はすでに死去していた。

勝頼は、元服の時点で武田家の通字「信」を冠せず、諏方家の通字「頼」を名乗っていることからみて、高遠諏方家を養子相続することが取り決められていた、と考えられる。高遠諏方家前代の頼継《よりつぐ》が死去したのは、それより先の天文二十一年（一五五二）のことだった。その頼継に、後継者が存在していたのかどうかは判明していない。しかし、同家は改易などをされず、その領国と家臣はそのまま存続されている。そこでは、武田家朱印状とは異なる印判状の存在がみられることから、頼継後室による領国統治の存在も想定されている（丸島和洋『武田勝頼』）。その場合、頼継後室は、国衆としての高遠諏方家において「おんな家長」として位置したことになろう（拙著『戦国「おんな家長」の群像』参照）。そうであれば、これは、武田家配下の国衆家にも「おんな家長」が存在した事例として認識できることになろう。

高遠諏方頼継に後継者がいたのかどうかがわからないので、勝頼による継承の経緯については明確にならない。もし後継者がいたとしたら、幼少だったため、成人までの間は母の頼継後室が政務を代行し、やがて成人したら家督を継承させることになっていたと思われる。その後継者が早世してしまったため、勝頼の相続になったのかもしれない。逆に後継者がいなかったとしたら、すぐに養子が入ったことだろう。そうでないと高遠諏方家は存続できないからである。その場合、高遠諏方家と同族の諏方本宗家の血統を引く、勝頼が後継者にあてられたことは十分に想定できる。しかし、まだ年少だったため、頼継後室が政務を行っていたとみることができる。

どちらの想定も、十分にあり得ることと思われるが、頼継の実子の存在が確認されていないので、どちらかと言えば、後者の可能性が高いだろうか。高遠諏方家は、上伊那郡を領国とした有力な国衆であり、その領国は、武田家の信濃での重要拠点だった諏方領の南部に展開しており、当時においては信濃南部に対する最前線に位置していた。その地理的重要性を鑑みると、信玄が実子による継承を構想するには、十分な理由があったと理解できる。その際、諏方家の血統を引く勝頼は、高遠諏方家を継承させるのに、まさに恰好の存在だったに違いない。

このように考えると、勝頼はその元服以前から、高遠諏方家の養子継承が取り決められていたとみなしてよいだろう。そして、元服にあたっては、武田家の家臣を対象にした「勝」字が与えられたにすぎないことから、当初からほかの御一門衆とは格差をつけられた立場に置かれたとみなされる。それは勝頼が、三条殿所生の嫡出子ではなく、別妻所生の庶出子だったからに違いない。信玄と三条殿は、庶出子の待遇をそのように取り決めたと考えられるだろう。そして、その実名の在り方から、三条殿との養子縁組はなかったとみなされる。勝頼はあくまでも、庶出子の立場にあった。

その後、永禄七年（一五六四）になると、勝頼は御一門衆の筆頭に位置するようになる。それまで御一門衆の筆頭に位置していた典厩家信繁が死去し、三条殿所生の次男竜宝が盲目、三男信之が早世していたことからすれば、嫡男義信を支える兄弟衆の存在は重視されただろう。それこそが勝頼の政治的地位の上昇をもたらしたと考えられる。しかしその立場は、あくまでも庶出子として、嫡男義信を支える立場に置かれたにすぎなかっただろう。その時点での勝頼は、娘婿の穴山武田信君や典厩家後継者の信豊《のぶとよ》、その兄で信濃国衆・望月家を継承した信頼《のぶより》と同列に位置づけられていたにすぎず、そのなかで信玄実子であることをもって、その筆頭に位置することになったと思われる。それでも、勝頼はまだ十九歳にすぎなかった。

義信謀叛事件

そうしたなか、永禄八年(一五六五)十月に、武田家の将来構想を瓦解させる衝撃的な事件が生じることになる。すなわち、嫡男義信による謀叛事件とその失敗である。事件の具体的な日時は、いまだ明らかになっていない。わかっているのは、十月十五日に、主謀者とされた家老飯富虎昌《おぶとらまさ》(兵部少輔)が自害していることだけである。それでも、このことから、事件は同日以前に発覚したことがわかる。その八日後に、信玄は上野国衆の小幡源五郎に対して事件を報せている(戦武九五九)。

態《わざ》と音問祝着に候、仍って飯富兵部少輔(虎昌)所行を以て、信玄・義信の間相妨ぐべき隠謀露見し候条、生害を加えられ候、父子の間の儀は、元来別条無く候、心易かるべく候、恐々謹言、

十月廿三日　　信玄（花押）

小幡源五郎殿

事件はすぐに領国内に知れ渡ったことだろう。小幡源五郎は不安に思って、信玄に事情を尋ねてきたのかもしれない。それに対して信玄は、飯富虎昌が信玄と義信の関係を悪化させようとする隠謀を企んでいたことが露見したため、飯富虎昌を自害させたことを伝え、一方で、信玄と義信の関係は、別条は無いので心配いらないことを述べている。後段はあくまでも、領国の動揺を抑えるための方便である。実際には、義信を東光寺に幽閉するのであるから、義信を事件の真の主謀者として処罰することになる。なお、幽閉の時期は判明していないが、このあとの義信の動向は一切みられなくなるので、事件直後のことと考えて間違いなかろう。

事件の理由については、いまだ全面的な解明には至っていない。もっとも、その背景については、これまでにもいくつかの事柄が指摘されている。

一つは、駿河今川家に対する外交方針の対立があったとする考えである。信玄はそれより以前の永禄六年（一五六三）、今川領国で遠江国衆の叛乱が展開された時点で、今川領国の経略を考慮するよ

うになっていた。しかも、義信事件の直前の永禄八年九月に、今川家の怨敵にあたる織田信長から、養女・竜勝寺殿《りゅうしょうじでん》と信玄の四男勝頼との結婚が申し入れられ、事件後の十一月に婚儀が行われたと伝えられていることから、義信事件はその結婚阻止のタイミングで行われた、と推測されている。そして、義信の死去を受けて、今川家は信玄に対して敵対姿勢をとっていくことになる。こうしたことから、信玄と義信の間には、今川家への外交方針をめぐって対立があったことが想定されてきた。私も、おおよそはそのように考えてきた（拙著『北条氏康の妻　瑞渓院』）。

しかし、改めて検証してみると、そもそも義信が、今川家との関係をめぐって信玄と意見を対立させていたことを示す、明確な史料は確認されていない。むしろ、武田家と今川家との関係は、早くも弘治元年（一五五五）の時点で、険悪な状況が生まれていたことがうかがわれる。その状況を示しているのが、七月十六日付けの武田晴信書状写である（戦武補遺一五）。

自筆を以て密書を染め候、抑も義信は今川殿(義元)のために父子の契約を忘れ候、晴信は五郎殿(今川氏真)のために伯父に候、其の上長窪より以来、今度に至り武篇成され候也、数ヶ度懇切の筋目を顕し候えども、かくの如く等閑にはいかさまにも果て候、疎み候こしらえ不信の便に候間、今度井上帰国の砌、直談致され、此の砌、氏康(北条)より越中の国切り無事の扱い然るべき段、申し渡さるべく候か、如何工夫に過ぐべからず候、爰元にては和睦の沙汰、態と一切停止の其の心得有るべく候、其の

ため糢糊の書状を以て申し宣べ候、謹言、
七月十六日　　晴信（花押）
（後欠）

宛名が欠けているため、誰に宛てた書状かわからず、そのために内容を十分に把握することが難しい。ただ、今川家との関係を述べた内容であること、自筆で執筆し、密書として出していることからすると、今川家の家中で懇意にしている人物に宛てたものではないか、と推測される。

ここで信玄は、今川家との関係について、「義信は、今川殿（義元）に対して、父子の契約関係にあるのに、（そのことを）忘れている。晴信（信玄）は五郎殿（今川氏真《うじざね》）には伯父にあたっている。それだけでなく（天文十四年の）長窪（陣）から今回まで、武篇（軍事貢献）をなしてきた。数回にわたって懇切の筋目（起請文）を（今川家に）示してきたけれども、このように等閑にされたのでは、どうあっても（今川家との関係は）終わってしまう。（今川家から寄越された連絡は、こちらを）疎んでいるような不信の連絡である」と述べている。

義信と今川義元が「父子の契約」にあるというのは、言うまでもなく、義信が義元の娘婿にあったことを示している。それを忘れている、というのである。動作の主体は、前後の文脈からみて義元と考えられよう。と同時に、この表現からすると、義信と義元の関係も、良好ではなくなっていたことがうかがえよう。これをみると、義信が今川家の意向を代弁するような立場をとったとは考えがたいように思う。ちなみに丸島和洋氏は、この一文について、義信が義元の意向を重視して、信玄との父子関係よりも優先していた、と解釈して、信玄と義信の関係の亀裂を想定している。しかしこの文は、「義信は」のあとに、「晴信は」と続いて、いずれも今川家との関係を述べている部分にあたっているので、「父子の契約」は、義信と義元の関係について記したものと理解するのが適当と考えられる。

ただし、織田家との同盟形成が、武田家と今川家の関係悪化をもたらしていったことは確かと思われる。しかし義信が、それに反対する立場を取っていたのかどうかは、必ずしも当時の史料から確認できているわけではない。勝頼の結婚の直前に、義信謀叛事件が起きているという、時系列をもとにした推測でしかない。また、仮に義信が織田家との同盟に反対する立場にあったとしても、それが今川家に肩入れしてのものかどうかは、別問題であると思われる。今川家の立場を抜きにして、今後の武田家の行く末を考慮して、織田家との同盟について反対したことも十分に考えられるだろう。

もう一つは、武田家中における守旧派と新興派の対立があったとする考えである（上野晴朗『定本武田勝頼』）。これは、義信事件に加担した者に、前代信虎以来の家老である飯富虎昌がおり、また武田家譜代家臣の長坂氏・曾根氏らがいたことからの見立てである。確かに、当時の武田家の家老には、馬場信春《のぶはる》・秋山虎繁《とらしげ》・小山田虎満《とらみつ》ら、本来は家老の家格になかった者が、信玄に抜擢されて就くようになっていた。その後も内藤昌秀《まさひで》・山県昌景《やまがたまさかげ》・春日虎綱《とらつな》・土屋昌続《まさつぐ》など、小身・牢人からの抜擢人事には枚挙に暇がない。こうした状況をみると、家臣団内での対立が存在したという見解には、一定の妥当性があるように思う。

また一つには、義信自身が信玄への不満を持った要因として、家督を譲られていなかったことが想定されている（丸島前掲書）。というのは、同盟関係にあった今川家では、弘治三年（一五五七）に氏真が家督を継いでいて、同じく北条家でも永禄二年（一五五九）に氏政が家督を継いでいた。それに対して、義信だけが家督を譲られておらず、そのことに義信は大きな不満を持っていたのではないか、という見立てである。これは史料的な根拠があるわけでなく、状況からの仮定ではあるが、その蓋然性は高いように思われる。三国同盟を互いの婚姻関係で形成していたなかにあって、義兄弟にあたる氏真・氏政が、どちらも大名家当主になっているのに、自身だけがその立場になく、またその気配すら示されていないことに、不満を持たなかったわけはなかったに違いない。

さらにもう一つは、当時の社会状況が挙げられるのではないか。すなわち、謀叛事件があった永禄八年から同十年（一五六七）春にかけて、全国的に飢饉状況に見舞われていた。武田領国でも同様であり、この年の秋に「在地徳政」（民衆による債権・債務関係の強制的破棄）が行われていた可能性が想定されるのである（拙著『戦国期の債務と徳政』）。すなわち、この永禄八年秋には、武田領国では飢饉により在地の村落・百姓の困窮が深刻化していた状況を想定することができる。義信の謀叛事件は、まさにそれと同時期に行われたものになる。

そもそも、信玄の家督相続自体、深刻な飢饉状況のなかで、その克服のために行われたものだった。そうすると、その嫡男の義信が、同じような事態に接して、同じようなことを発想した可能性はあったのではなかったか。ともあれ、飢饉状況が発生していたとみなされることからすれば、社会では国王交替などによる「世直し」(復興)を求める情勢が生まれていたとみてよく、そうした場合、義信が謀叛を決断した背景に、この状況を想定することは十分に可能と考える。仮に義信が信玄に対して様々な不満を持っていたとして、なぜ謀叛がこの時だったのか、ということを考えた場合、この飢饉状況の発生は決定的な理由になると考える。

いずれにしろ、義信謀叛の本当の理由については、いまだ明確にならない。ただ、これまで最も有力視されてきていた、今川家との関係をめぐる問題については、むしろ可能性は低いように思われる。それはともかくも、この問題については、引き続き追究していく必要があることは間違いない。さしあたって、本書の主題から最大の関心事になるのは、三条殿の関わりになる。しかしながら、この事件に三条殿がどのように対したのかは、全くもって不明である。また、この事件によって、三条殿の立場に変化がみられたわけでもなかった。そのことは前章で取り上げた、正妻としての動向から明らかだろう。

三条殿にとって義信は、自身の第一子であるだけでなく、長男であることから、信玄の嫡男になっている存在だった。その義信が謀叛事件を起こした。それは失敗し、義信はその後、甲府東光寺に幽閉の身になった。事件以前、その予兆はあったのだろうか。あったとすれば、三条殿は、それにどのような対応をとっていたのだろうか。また事件後、幽閉の身になった義信の身上について、三条殿は何か対応をとることがあったのだろうか。これらは容易に浮かんでくる疑問だが、現在残されている史料からは、何もうかがうことはできない。

庶子勝頼の結婚

義信の謀叛時期の前後に起きていたのが、庶子勝頼の結婚をめぐる問題だった。そのためこれまでも、義信事件の背景に、この勝頼の結婚問題があったと推測されている。そのためここで、この問題について改めて考えてみることにしたい。なお、結婚の時期について明記しているのは「甲陽軍鑑」だけであり、永禄八年（一五六五）九月九日に織田信長から申し入れがあって、十一月十三日に婚儀が行われた、とされている。これが事実かは確定できないが、永禄十年（一五六七）には嫡男信勝《のぶかつ》が誕生しているので、同九年には結婚していたことは間違いない。

この結婚は、武田家と織田家の同盟成立を示している。武田家は当時、今川家・北条家と三国同盟を形成していたが、ここで新たに同盟した織田家は、今川家と敵対関係にあった。したがって、これが武田家と今川家の関係悪化をもたらしかねないことは、十分に想定されていただろう。実際、その後の武田家と今川家は、同盟崩壊に向けて動いていくことになる。しかしそれは、まだ数年先のことだった。そのことからすると、この時点で信玄は、今川家との同盟解消を考えていたとは限らないだろう。ではどうして、そのような懸念があったにもかかわらず、織田家との同盟を成立させたのだろうか。

この時期の武田家と織田家をめぐる政治状況については、近年において急速に解明が進められている（丸島和洋『武田勝頼』、横山住男『武田信玄と快川和尚』などを参照）。そこでの焦点は、東美濃情勢にあった。すでに信玄は、天文二十三年（一五五四）に木曾領と下伊那郡を経略しており、それに伴って美濃で最も信濃寄りに位置していた苗木《なえぎ》遠山直廉《なおかど》と、その本家にあたる岩村《いわむら》遠山景任《かげとう》が、信玄に従属を申し出てきた。当時の美濃は、斎藤道三の領国だったが、東美濃までは制圧しておらず、岩村・苗木両遠山家は、斎藤家と対立関係にあった。むしろ両家とも、尾張織田家と婚姻関係を結んでいて、織田家寄りの立場にあった。ただその時点では、斎藤家と織田家は同盟関係にあり、そのなかで両遠山家は、斎藤家と対立するという状況にあった。

信玄は両遠山家の従属を受け容れ、翌弘治元年（一五五五）には、信濃の軍勢を援軍として派遣している（戦武六四二・六四五）。こうして信玄は、斎藤家とも抗争関係に入った。その一方で、岩村遠山家は、織田家との連携を重視して、三河の反今川勢力に味方し、今川家と敵対関係になり、これに対して今川家は軍勢を東美濃に進軍させるのだった。こうして、信玄の従属下にあった岩村遠山家は、

永禄6年頃の東美濃遠山氏関係地図（横山住雄『武田信玄と快川和尚』所収図を一部加筆・修正。丸島和洋『武田勝頼』より）

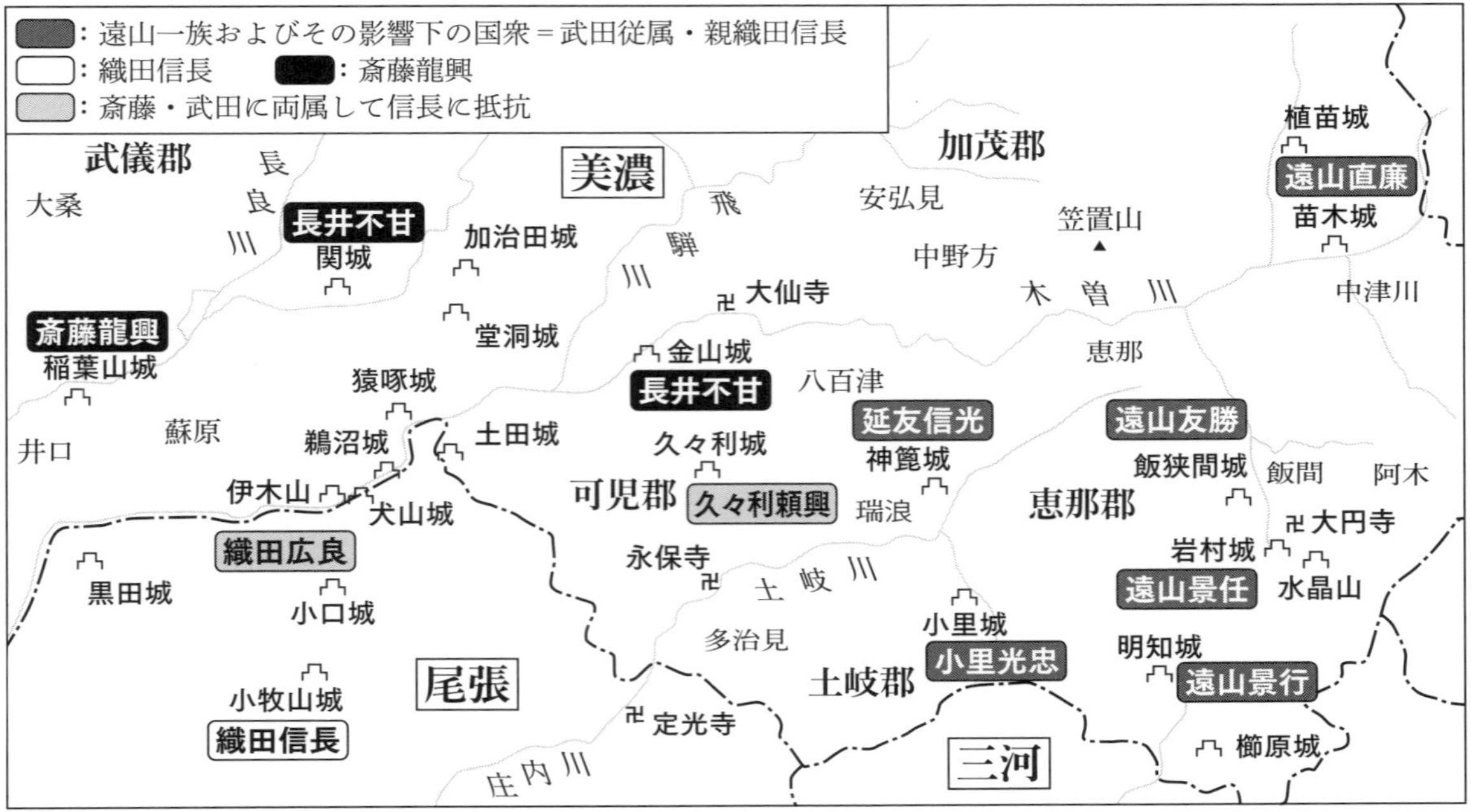

他方で織田家にも従属し、信玄と同盟する今川家と敵対関係になるという状況になった。そうした複雑な情勢のなかで生じたのが、弘治元年から二年にかけての、斎藤家における道三と嫡男利尚《としひさ》（のち一色義竜《いっしきよしたつ》）による内乱であり、嫡男利尚が勝利した。これにより、斎藤家と織田家の同盟は崩壊し、一転して敵対関係になった。

信玄と織田信長は、反斎藤という立場で共通し、永禄元年（一五五八）には両者で通交が開始された（戦武四〇二〇）。その一方で、斎藤家に従って信長に対抗していた、尾張犬山織田家とも結ぶようになっていた（戦武九四四）。これらはすべて、国衆の主体的動向を受けてのことといえ、国衆は従属先の戦国大名の政治関係にお構いなく、自らの存立をかけて、あらゆる手立てを講じていたのであり、戦国大名はそれにむしろ規定されていたことがうかがえる。信玄は、反斎藤ということで織田信長と通交したが、今川家と犬山織田家との関係でいえば、信長とは対抗する関係にあった。同様のことは今川家についてもいえ、従属下にある岩村遠山家との関係から、今川家とは対抗関係が生じていた。

この状況を大きく変化させたのが、永禄三年（一五六〇）五月の尾張桶狭間合戦で、今川義元が戦死したことにより、織田方勢力の伸張がみられた。織田信長は一色（斎藤）家との抗争に専念できるようになり、東美濃へも勢力を強めていった。永禄七年（一五六四）には、両遠山家は信長との関係をさらに強めるようになっていた（戦武八九九）。ところが、そうしたなかで武田勢と織田勢の衝突が生じた。永禄八年（一五六五）四月のことと推定され、東美濃神篦城《こうの》（岐阜県瑞浪市）で両軍の攻防がみられた（戦武二〇六一）。同時に信長は、中美濃への進出も果たした。

これにより、信玄と信長の間で直接衝突の懸念が生じた。それは互いに好むところでなく、そのため信長は、信玄に婚姻を伴う同盟を申し入れたと考えられる。信玄も、信濃北部・飛騨・上野西部をめぐって、越後上杉家との抗争に専念したいところだったから、すぐに応じたとみなされる。信長からの婚姻の申し入れが九月で、わずか二ヵ月後の十一月に婚儀が行われたというのは、そのような事情によると考えられる。そして、信玄の側で婚姻が可能だったのは、四男勝頼しかいなかった。信長のほうでも、実子はまだ幼少だったため、姪を養女とするしか方法がなかった。こうして勝頼と信長養女（竜勝寺殿）の結婚となったのである。

ただし、注意しておく必要があるのは、信玄は信長に肩入れしてこの同盟を形成したのではなかったことである。同時に一色義棟《よしむね》（いわゆる斎藤竜興《たつおき》、義竜の子）とも同盟を結んでいるのであり、そのことは永禄八年十一月には確認される（戦武四〇七二）。信玄は、織田家と一色家の抗争が激化していくなかで、どちらにも加担しなくて済むように、いわばその抗争に巻き込まれることを回避するために、両者と同盟を結んだと考えられる。したがってそれは、将来における今川家との敵対を視野に収めてのことではなかったのである。

この時期の信玄は、越後上杉家との抗争こそを重視していた。そしてその姿勢は、永禄十年（一五六七）まで変わることはなかった。むしろ、それに変調がみられるようになるのは、同年の義信死去に伴う、政治環境の変化によると思われる。こうしてみてくると、勝頼の結婚に対して、信玄が将来の武田家の在り方に特別な意識を持ってあたったのではなかった、と考えられるのである。その対象が勝頼だったのは、結婚可能な実子が彼しか存在していなかったこと、信濃南部の伊那郡に領国を有して、問題となっている美濃に隣接して存在していること、結婚相手は実際には美濃遠山直廉の娘であり、美濃の政治勢力と関係を強化するにあたっては、そのような立場にあった勝頼が適任とみなされた、ということだったに違いない。

この勝頼の結婚を、将来における勝頼の台頭を用意させるものだったとみたり、今川家との関係解消を視野に入れて、織田信長との連携を強めるものだったとみたりすることは、二年後の義信死去によって生じた現象に引きずられた、いわば結果論から遡及させた理解でしかない、と思われる。そうすると、義信がこれに過剰に反応した、という見方も難しくなるように思われる。信玄と義信にとって、この時期の武田家の外交方針は、あくまでも越後上杉家との対決に重心を置いていて、そこに違いはなかったことだろう。勝頼の結婚は、そのための布石にすぎず、したがって、それに義信が反対するとは考えられない。義信謀叛の背景に、こうした武田家をめぐる外交関係があったというのは、考えにくいだろう。

第六章　三条殿の死

義信の死去

嫡男義信は、幽閉から二年後の永禄十年（一五六七）十月十九日に、そのまま死去した。享年は三十だった。死因については、義信葬儀の法語による病死とするものと、系図史料などによる自害とするものの両様がある。その真相は現在にあっても確定されていない。しかし、いずれにせよ、信玄が赦免しなかったことは確かである。では信玄は、義信の処分をどうしようとしていたのだろうか。その際に注意すべきは、義信の妻・嶺寒院殿《れいかんいんでん》が、その間も甲府に居住し続けていたことである。これは、義信と嶺寒院殿の婚姻関係が継続されていたことを意味している。この婚姻関係は、武田家と今川家の同盟関係の証しだったから、信玄は、今川家との同盟関係については継続する意向だったことがわかる。

では、どのような事態を想定できるだろうか。一つは、赦免することなく、幽閉し続けることである。その場合、義信は嫡男の立場を廃されたことだろう。そもそも幽閉の期間に、義信が廃嫡されたのかどうかも明らかではない。ただし、義信に代わって、新たな嫡男は立てられていないから、義信は死去まで嫡男の立場にあったのだろう。そうすると信玄は、いずれかの時期に義信を廃嫡し、代わりの嫡男を立てる予定にあったと考えられる。

もう一つは、何らかの時期を見計らって義信を赦免する、というものである。しかしその場合でも、義信が嫡男として復帰することは難しいだろう。曲がりなりにも謀叛事件を起こしたのであるから、引き続き嫡男として存在することは考えられないように思う。その場合には、出家遁世《とんせい》させられることになったに違いない。それによって、嫡男の立場からは退くことになっただろう。

どちらにしても、義信が嫡男として存在し続けることは難しかったに違いない。では、死去まで二年もの期間がみられたことについては、どのように考えたらよいのだろうか。もとより、現在残されている史料からは、そのことをうかがうことは全くできない。しかし二年もの期間、幽閉のままになっているというそのことが、信玄が決断しかねていたことを示しているように思われる。義信に対する処分の決定は、義信の廃嫡が不可避だった。その際には、新たな嫡男を選定することと、今川家との同盟関係を維持する方法を考えなければならなかった。しかしどちらも、当時においては困難な課題だったように思われる。

新たな嫡男は、信玄の子供から選択されるに違いないが、義信事件の際に最年長だったのは、御一門衆筆頭にあった勝頼で、二十歳だった。年齢的には新たな嫡男になることに問題はない。しかし、勝頼は庶出であり、かつすでに他家を継承した存在だった。義信に代わって勝頼を嫡男に立てることに問題がなかったなら、すぐにその処置がとられたに違いない。そうしなかったのは、勝頼を嫡男にすることが、今みた理由から、難しかったためだろう。そうすると、選択肢は五男信盛に限られるが、まだ九歳にすぎなかった。年長ですでに戦陣経験や領国統治の経験のある勝頼と、まだ年少の信盛と、いずれに決するかは簡単にはできない選択と言わざるを得ない。信玄が決断できなかったのも当然だろう。

今川家との同盟継続の方法についてはどうだろうか。最も確実な方法は、新たな婚姻関係を形成することだろう。ところが武田家・今川家双方で、その候補者は全く存在していなかった。武田家では、男子で可能なのは九歳の信盛であり、女子で可能なのはまだ五歳の五女・松姫だった。今川家では、当主氏真の兄弟姉妹は嶺寒院殿しかおらず、氏真の子供も娘が産まれたかどうかの状態にすぎなかった。もし双方において、婚姻が可能な子供が存在していれば、新たな婚姻関係を形成して、しっかりと同盟関係を継続することが可能だったろう。しかしそうではなかった。特に今川家において、対象者が全く存在していなかった。そのために信玄は、簡単には義信廃嫡を決断できなかったことだろう。

このようにみてくると、信玄にとって、義信の処遇をどのようにするかは、簡単に判断できることではなかったことがわかる。そのために信玄は、事件から二年にも及んで、幽閉のままにしておかざるを得なかったのではなかったか。そしてそのことは、三条殿においても同様だったろう。新たな嫡男と今川家との同盟継続の方法について、適当な手段を見出せない以上、三条殿としても何ら対応することはできなかっただろうし、三条殿としては、義信の廃嫡は覚悟していたに違いない。そうであれば、新たな嫡男に誰を立てるのがよいのか、考えるようになっていたことだろう。

駿甲相三国同盟の崩壊

義信の死去は、武田家内部に大きな影響を与えるにとどまらなかった。それは、武田家の外交関係に極めて大きな影響を与えるものとなった。義信の死去にいち早く、かつ過激に反応したのは、駿河の今川氏真だった。すでにみてきたように、義信の妻・嶺寒院殿は氏真の妹である。氏真は、義信の死去について、信玄の命令による自害と認識し、信玄が今川家との関係断絶に舵を切ってきた、と認識したのである。そのため氏真は、信玄への対抗策をとっていくことになる。

そもそも今川氏真は、義信の幽閉が解除されない状況を受けて、信玄への不信感を募らせていたようである。それが明確に示されたのが、義信幽閉から二年近く経った永禄十年（一五六七）八月における、甲斐への塩荷通行の停止、すなわち塩留である（『戦国遺文 今川氏編』二二四一号）。この塩荷通行停止については、通説の通りに甲斐への塩留とみなす見解に対して、そうではないとする見解も出されているが、典拠史料の文面をみる限りは、やはり塩留を示すと理解するのが適切である。したがって氏真は、永禄十年八月に、甲斐への塩留を行ったとみなしてよい。

この塩留は、現在の経済制裁にあたるので、事実上の敵対認定を意味した。この時点で氏真は、すでに武田家との国交断絶を検討するようになっていたと考えられる。この塩留に対して、信玄がどのように対応したのかは、それを示す史料がないため不明である。すぐに対抗措置をとってはいないので、おそらくは共通の同盟者である北条家を通じて関係修復を申し入れたのではないか、と思われる。しかし、それからわずか二ヵ月後に、義信が死去してしまったのである。氏真がこれを、信玄の命令による自害、同時に今川家への敵対の決断と認識するのも、無理からぬことだろう。

氏真は、武田家との関係断絶を視野に入れて、すぐさま信玄に対して、妹・嶺寒院殿の帰国を要請したらしい。直接要請したのかどうかは判明しないが、最終的には北条氏康・氏政父子を通じて申し入れている。武田家と今川家の双方と同盟関係にあった北条家は、そこで中人（仲介者）を務めたのである。それに対して信玄は、氏真から同盟継続を誓約する起請文が寄越されないと帰国は認められない、と返答した。ここから信玄は、今川家との国交断絶は考えていなかったことがうかがえる。氏真はその申し出を容れて、「相互に打ち抜きあるまじき」ことを、「堅く申し合わ」せた。互いに攻撃しないことを、起請文で誓約し合ったのである（同前二一七四～七五号）。

これを受けて信玄は、嶺寒院殿の帰国を承諾した。おそらく渋々のことだったろう。義信との間に生まれた娘も、それに同行したとみなされる。この帰国について、江戸時代前期の成立で徳川家の歴史書である「武徳編年集成」は十一月十九日のこととしているが、実際には、翌永禄十一年（一五六八）二月二十一日に、北条領国の伊豆三島（静岡県三島市）に到着しているので（『戦国遺文 後北条氏編』一〇一〇号）、年明け後の二月のことだったと判明している。そうすると、「武徳編年集成」が伝える十一月十九日というのは、氏真が帰国を申し入れた日にあたるか、双方で起請文を交換して帰国が合意された日にあたっているのかもしれない。そして、甲斐で雪が少なくなった二月下旬（現在の三月下旬）に、帰国したのかもしれない。しかもそれは、嶺寒院殿（「御新造」と記されている）が北条領国を経由していることから、帰国は北条家に取り計らわれたことがわかる。北条家は両家の中人を務めていたから、同盟継続の条件も北条家が管轄したのである。

ところが氏真は、その交渉と同時期の、永禄十年の冬（十月から十二月）に、越後上杉家に同盟を申し入れるのだった（『戦国遺文 今川氏編』二一七五号）。氏真は起請文を交換しても、武田家との同盟を維持する考えは毛頭なく、それは嶺寒院殿の帰国を実現するための方便にすぎなかった。そうした氏真の態度に、信玄も気づいたとみえて、永禄十一年（一五六八）四月には、「信玄表裏程有る間敷」と、両家の決裂は時間の問題になりつつあった（同前）。しかし武田家は、今川家から仕掛けてくるとみていたようだ。永禄十一年八月、甲府留守の諏方勝頼は、駿河国境を守備する親類衆の栗原伊豆に、「駿陣触れ」のその後の情勢について連絡を求めている（戦武一三〇七）。今川家の軍事行動が、武田家に向けられることを懸念していた様子がうかがえる。

ここに至って信玄は、今川家との絶交を決断し、三河徳川家康と同盟して、今川家挟撃を図ることにしたと思われる。そして、駿河侵攻に向けての準備が整うと、十二月六日に甲府を出陣し、駿河侵攻を断行したのだった。それにあたっては、同盟国の北条家に対しても、氏真が上杉家と同盟して信玄を滅亡させる企てをしており、だから氏真を攻めるのだ、と主張した（『戦国遺文後北条氏編』一一三六号）。これについては外交上の方便とみられることが多いが、案外、信玄の本音だったように思われる。しかし北条家は、前年に両家の同盟継続の中人にあたっていたにもかかわらず、事前の相談なしにそれを一方的に反故にする信玄の行為に激怒した。これは中人のメンツを潰す行為だった。当時、そうした場合には、中人はもう一方に加担した。それによって損害された名誉を回復するのである。北条家は、躊躇することなく今川家支援を決定し、十二日には今川家に援軍を派遣するのだった（同前一一一五号）。

こうして駿甲相三国同盟は、あっけなく崩壊した。それにより信玄は、長きにわたって攻守軍事同盟を結んできた今川家と北条家を、どちらも敵に回すことになった。こうして北条家との同盟関係も消滅した。北条家には、当主氏政の妻として、長女の黄梅院殿が存在していた。しかし、これらによる心労がたたったのか、すぐに病気になったとみられ、永禄十二年（一五六九）六月十七日に二十七歳で死去してしまうのだった。これにより、北条家との婚姻関係も断絶した。彼女を通じての関係修復も見込めなくなったのである。

勝頼の嗣立への過程

義信死去がもたらした、武田家にとっての最大の課題は、義信に代わる新たな嫡男を立てることにあったとみてよい。ところが、新たな嫡男は、容易に決まることはなかった。候補者は絞られていた。信玄の息子のなかで実質的に最年長だった四男勝頼か、まだ元服前の五男信盛か、いずれかだったろう。勝頼は、義信死去時、二十二歳になっていて、すでに信玄の「次男」として御一門衆筆頭の立場にあった。しかし、他家の高遠諏方家を継承していたため、武田本宗家を出ていた立場でもあった。他方の信盛は、まだ十一歳にすぎなかった。武田家を相続するにしても、最低でも元服する十五歳に達していなければならず、それは四年後の元亀二年（一五七一）まで待たなくてはならなかった。

ちなみにこの時点で、それ以外の信玄の息子には六男信貞と七男信清があった。このうち信貞は、信盛の同母弟になるので、候補者たり得なかった。七男信清は、別妻の禰津常安《ねつじょうあん》娘の所生だった。注目すべきは、義信が死去した年に、この信清が出家させられていることである。信清はのちに、勝頼の時代になって還俗させられるので、武将として過ごせない事情があったわけではなかったと思われる。そうすると、その出家は特別な政治的理由によると考えられ、時期からみて、それは信玄の後継者候補から排除するためのものと思われる。油川《あぶらかわ》殿所生の子供たちは、おそらく三条殿の管轄下に置かれていたことだろうし、信清は別妻の所生のため、そこまで管轄が効かなかったことだろう。そのような事情から、信清はこの時に出家させられ、後継者候補から排除されたのだと思われる。信玄の後継者は、実力を備えた勝頼か、三条殿の管轄下にあった信盛か、というかたちで絞られたことだろう。

信玄は、永禄十三年（一五七〇）四月になって、勝頼を嫡男に立てることを決めたようである。室町幕府将軍足利義昭に、勝頼への偏諱《へんき》と官位の授与を申請しているからである（戦武一五三五）。それは勝頼に、武田家の次期当主に相応しい政治的地位を獲得させようとするものだった。この時点の勝頼は、他家を相続していて、実名には武田家の通字を冠しておらず、しかも無位無官であり、どこからみても御一門衆の立場でしかなかった。そのため、将軍偏諱と官位を獲得させることで、武田家嫡男の立場に一変させようとする思惑だったに違いない。しかし、理由は判明していないが、これらの要請は認められなかった。これにより、勝頼を将軍権威によって嫡男にするという方法は挫折した。

結局、勝頼が信玄の嫡男としての立場になったことが確認されるのは、翌元亀二年（一五七一）十二月まで待たなくてはならなかった（戦武一七六二）。もっとも、御一門衆の立場での勝頼の活動が確認されるのは、永禄十二年（一五六九）までのことにすぎず、永禄十三年（元亀元年）から同二年にかけての立場については、それを示す史料が残されていないため、正確には不明である。その間の永禄十三年四月に、信玄は勝頼を嫡男にしようとしていたから、順当に考えれば、そのあとで勝頼を嫡男として取り決めたと考えても不思議ではない。実際にも、これまでの研究でもそのように見立てられている。

ところが、元亀二年十一月の段階で、勝頼は依然として「高遠諏方勝頼」と表現されていた（「成慶院武田家過去帳」など）。これは、同年九月に死去した正妻・竜勝寺殿《りゅうしょうじでん》（織田信長養女）の菩提を要請した際のものなので、九月時点での認識を示しているのかもしれない。ただし、そうではあっても、九月の時点でもまだ「高遠諏方勝頼」だったということになる。信玄の嫡男になり、甲府躑躅が崎館に入るのは、そのあとのことだった可能性が想定されるのである。信玄はその年、五十一歳になっていた。さすがに後継者を決めておかなくてはならない、と焦っていたに違いない。それが、この決定だったのだろう。

その場合に注目しておきたいのは、これと同時期に行われたとみなされる、五男信盛の結婚と養子入り、六男信貞の結婚と養子入り、という事態である。特に注意されるのは、信盛の結婚である。信盛の最初の妻は、かつて御一門衆筆頭だった典厩家信繁の娘だった。信玄の息子たちの結婚相手をみてみると、嫡男義信は駿河今川家の娘、四男勝頼が美濃織田家の養女というように、他国の大名家との婚姻となっていたが、次男竜宝は養子先の信濃国衆・海野《うんの》家の娘、六男信貞も養子先の駿河国衆・葛山《かずらやま》家の娘という具合で、養子先との縁組みだった。そうしたなかで信盛だけが、御一門衆の娘と結婚しているのである。しかも、信盛も信濃国衆・仁科《にしな》家に養子入りする。ほかの事例に鑑みれば、信盛も仁科家の娘を妻に迎えて婿養子になるのが順当と思われるが、そうではなく、御一門衆の娘と結婚しているのであるから、それは仁科家養子入りとは別の問題になっていたことがうかがわれる。

信盛の結婚と養子入りの時期については、まだ判明していない。そのため、これらの問題についてはすべて、現在の研究段階をもとにした推測にならざるを得ない。そのうち養子入りについては、弟信貞の葛山家への婿養子入りが、第三章で検討したように、元亀二年後半から同三年初め頃にかけてと想定されるから、信盛の仁科家養子入りは、それよりも前とみなされ、それは元亀二年後半までのことと推測される。その時期はちょうど、勝頼が信玄の嫡男として確立した時期にあたっていた。こうしてみると、信盛の仁科家養子入りと勝頼の嗣立化は、関連した事態だったのではないか、とも思えてくるのである。

そして、仁科家養子入りと結婚とが別の問題になっていたとしたら、その場合には結婚が先に決められていたと考えられないだろうか。この元亀二年に、信盛はちょうど十五歳になっている。信盛は元服を受けて実名盛信を名乗っているので、元服が仁科家養子入り後だったことは確実である。十五歳になってすぐに元服したとすれば、それは元亀二年初めのことになり、そうすると仁科家への養子入りは、遅くても前年末には決まっていたことになろう。そして結婚が、それより前に決まっていたのだとすると、それは元亀元年以前だったことになろう。

最初の妻だった信繁娘の生年も判明していない。信繁の子供としては、長男信頼・次男信豊・三男左衛門尉（実名は信永・信元など伝えられる）と娘二人があったことが知られている。生年が判明しているのは信頼と信豊で、それぞれ天文十六年（一五四七）・同十八年（一五四九）である。信盛の妻がそれよりも年少とみると、早くて天文二十年（一五五一）頃の生まれとなる。彼女は長女だったろうから、遅くても天文二十二年（一五五三）か弘治元年（一五五五）頃の生まれと推測できるかもしれないし、弘治三年（一五五七）生まれの信盛よりも数歳年長だったかもしれない。こうした状況から考えると、信繁娘の成長を受けて、信盛との結婚が決められたようにも思えてくる。仮に信盛より二歳年長だったとして考えると、彼女が十四歳になった永禄十一年（一五六八）頃に婚約が成立したのではないか、という推測もできる。

このように推測を重ねてみると、信盛は、永禄十一年から元亀元年までの十二歳から十四歳の頃に信繁娘と婚約・結婚し、十四歳から十五歳の時期に仁科家への養子入りが決められた、という経緯にあったとみられないだろうか。その場合に注意されるのは、やはりなぜ信盛が、その時期に信繁娘と結婚したのか、という問題に突き当たる。ここであえて推測を示しておきたい。

信盛は、妾の油川殿の所生だったが、妾とその子供の処遇は、正妻である三条殿の管轄下にあったと考えられるから、この信盛の結婚は、三条殿の差配によるものだった可能性がある。そうであれば、三条殿は、油川殿の長男信盛と、信玄の長弟にして同母弟であり、また義信元服以前には信玄の後継スペアの立場にあった信繁の娘と結婚させることで、信盛の地位を嫡流化させようとしたのではなかったのか。そして、このことは当然、信玄も同意のことだったはずである。すなわち信玄と三条殿は、義信の死去を受けて、まだ元服前の息子のなかで最年長だった信盛を、新たな後継に立てようとしたのではなかったか。

しかし結局、その構想が実現をみることはなかった。それはおそらく、永禄十一年末から戦乱が深刻化したためである。元服前の少年を嫡男に決めることはできず、現実に軍事指揮能力と領国統治能力を有していた唯一の息子・勝頼を、後継に立てざるを得なくなってきたのではなかったか。そのため、候補者だった信盛に、急遽、後継者不在だった有力信濃国衆の仁科家を継承させることにしたのだろう。

それでも、勝頼の後継者決定は、元亀二年末頃まで遅れることになった。その理由の一つは、三条殿が全面的には同意しなかったことがあるのではなかろうか。その後の勝頼を取り巻く状況を鑑みると、御一門衆や家老衆の納得を得がたい状況がみられていて、武田家の行く末を考えた場合、勝頼の継承を簡単には同意できなかったように思われる。嫡男の決定には、正妻の承認を必ず伴っただろうから、勝頼の後継者決定の遅れの背景には、三条殿の不同意があったと考えられる。

しかし、勝頼の後継者決定は、三条殿が死去してから、さらに一年以上が経ってのことだった。その理由も、いま述べたことそのものだったろう。すでに他家を相続して久しい勝頼が、にわかに武田家当主になることへの抵抗感が、容易には拭えなかったのではなかろうか。それはおそらく、三条殿が懸念したことそのものだったろう。そのため三条殿が死去しても、信玄はすぐに決定できなかったのだろう。しかし、信玄の年齢と、武田家をめぐる軍事情勢が、ほかの選択肢をとらせなくさせたのではなかろうか。そうして信玄は、元亀二年後半に、ついに勝頼を後継者に決定したのではないか、と思う。

ちなみにその時期は、北条家との同盟が再結成された時期にあたっている。勝頼はその後、天正四年（一五七六）に北条氏政の妹・桂林院殿《けいりんいんでん》を後妻に迎えることになる。彼女は永禄七年（一五六四）の生まれで、この元亀二年には八歳だった。もしかしたら、この時に婚約が成立されたとは考えられないだろうか。実際に結婚した時には、彼女は十三歳になっている。八歳での婚約、十二、三歳での結婚というのは、長女・黄梅院殿《おうばいいんでん》などにもみられた状況である。同盟成立の際に婚姻関係が形成されるのは、極めて一般的だった。だとすれば、この時もそうだった可能性は高いとみなされる。

なお、信盛の妻について触れておきたい。信盛の最初の妻は、先にみたように、典厩家信繁の娘である。その後、信盛は、生存する信玄の弟で最年長になる信廉《のぶかど》の娘を後妻に迎えている。それはおそらく、信繁娘の死去を受けてのことだろう。その時期については不明だが、信盛と信廉娘の間に生まれた次男信貞が、天正五年（一五七七）生まれであることからすると、長男の信基は同三年（一五七五）以前の生まれと推定できる。そうすると、信盛と信廉娘の結婚は天正二年（一五七四）以前のことで、さらに信繁娘の死去は同元年以前のことと推測できるように思う。

ここで述べてきたことのほとんどは、推測にすぎない。しかし、現在残されている史料をもとに、想定される状況を踏まえて推理を重ねていくと、このように推測できるように思う。

三条殿の死去

嫡男義信の死去から三年後、長女・黄梅院殿の死去の翌年に、ついに本書の主人公である三条殿が死去した。元亀元年（一五七〇）七月二十八日のことだった（「十輪院武田家過去帳」）。法名は「円光院殿梅岑宗薌大禅定門」とおくられた（「円光院殿仏事香語」）。死因は判明していない。享年は五十、五十歳という年齢から考えれば、常識的には病死と考えてよいだろう。最後に三条殿の動向が確認されるのは、その年の二月のことである（戦武四二二四）。そもそも、三条殿の動向を伝える史料は少ないが、そのあとで病気に罹ったのかもしれない。そして、そのまま快復することなく、死去に至ったのだろうか。

三条殿の菩提寺として、甲府岩窪《いわくぼ》の地に円光院が建立された。同寺は、もとは成就院という寺院で、室町時代後期の武田家当主・信重《のぶしげ》の菩提寺であり、本来は東郡小石和《こいさわ》（山梨県笛吹市）に所在していたものを、信玄が甲府に移転させていたものだった。信玄はそれを、三条殿の菩提寺として改めて開創させたのであり、そのため同寺は、以後は三条殿の法号をとって円光院と称することになる。三条殿の葬儀は、元亀元年八月に同寺で、恵林寺《えりんじ》（のちに信玄の菩提寺になる）の住持・快川紹喜《かいせんじょうき》を大導師として行われた。

元亀元年十二月一日付けで信玄は、菩提寺とした円光院に、三条殿（「宗藕禅尼」）の供養料を寄進している（戦武一六二一）。

定め

宗藕禅尼の茶湯料として、林部の内並びに石和の屋敷分、合わせて拾八貫寄附せしめ候者也、仍って件の如し、

元亀元年庚午

十二月朔日　信玄（花押）

円光院

机下

成就院はその時までに、寺号を円光院に改称されたことがわかる。そして供養料として、林部郷（山梨県笛吹市）内の地と石和屋敷分を合わせて十八貫文の寺領を寄進している。石和屋敷分というのは、

三条殿の墓（山梨県甲府市、円光院）

成就院の旧寺地のことだろう。そして十二月十四日付けで、大坂本願寺の門主・顕如《けんにょ》から信玄に、「去る秋（七月から九月）」に三条殿（「簾中」）が死去した悔やみを述べて、香典（「香奠」）として黄金十両（約百万円）が贈られている（戦武四〇四〇）。

> 去る秋時分に簾中遠行の由、勿体無き次第、御愁傷推察せしめ候、仍って香奠として黄金十両これを贈りまいらせ候、委細は丹後法印（下間頼総）申し入れるべく候、穴かしこ、
>
> 　十二月十四日　　　　（光佐）——御判
>
> 　徳栄軒（信玄）

顕如の妻は、三条殿の妹にあたる如春尼《にょしゅんに》だったから、両者は相婿の関係にあった。信玄と

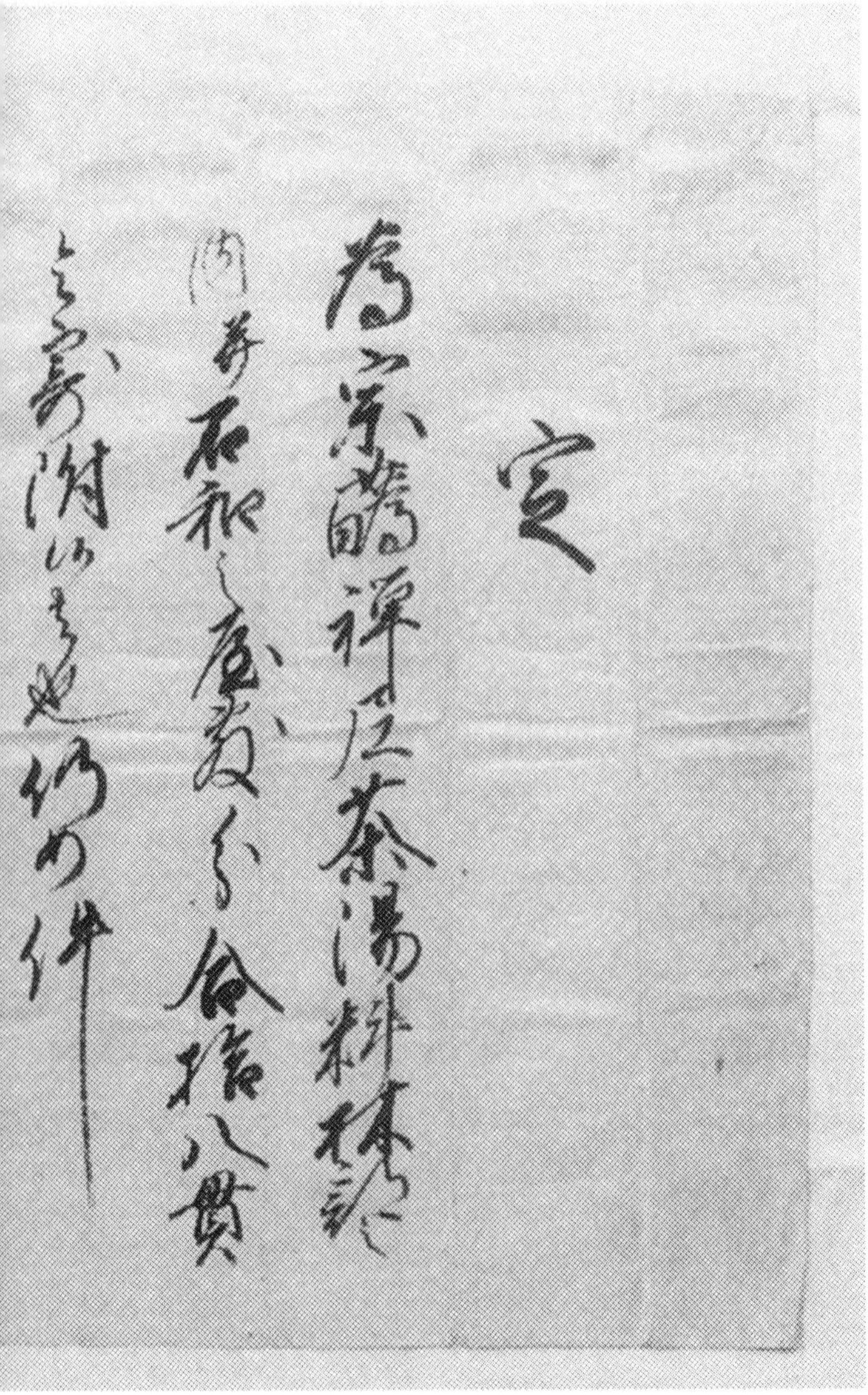

円光院文書。『山梨県史 資料編4 中世1 別冊写真集』より転載）

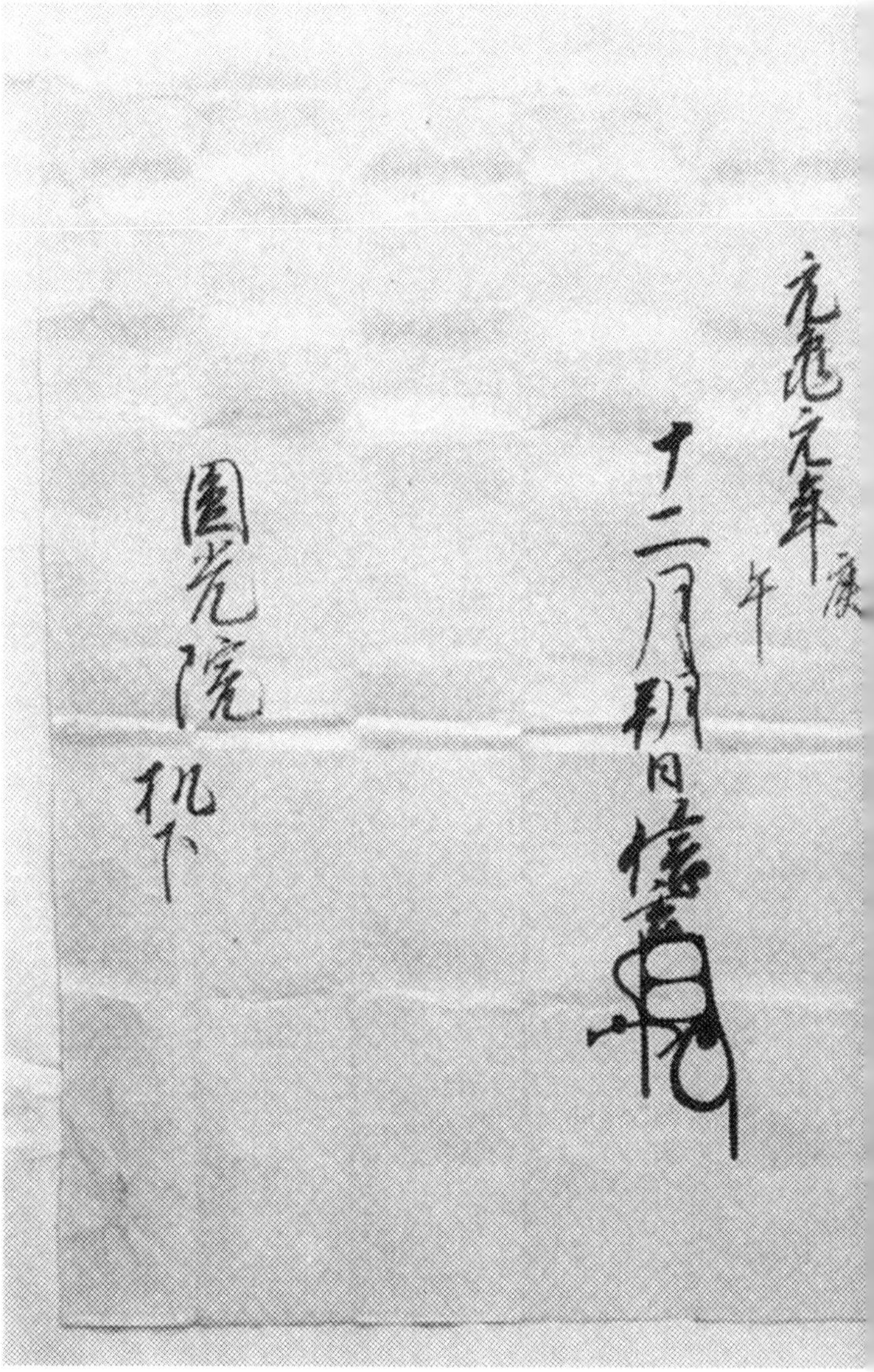
元亀元年庚午
十二月朔日　信玄（花押）
円光院
机下

元亀元年12月朔日付け武田信玄判物（山梨県甲府市・

顕如は、その縁をもとに永禄四年（一五六一）から軍事的連携関係を成立させていたが、この関係が強化されるのは、対織田信長戦争で連携を強める、それから二年後のことだった。そのためか、信玄と顕如の通交は、それまでは活発なものではない。両者の通交のなかで三条殿のことが記されるのも、これが唯一の史料になっている。おそらくは、日常的な通交のなかで三条殿も活躍していたに違いないが、そのことを伝える史料は、残念ながら現在残っていない。

三条殿の仏事香語

三条殿の動向を示す当時の史料は、第四章で取り上げたように、その数は極めて少ない。そうしたなかで、三条殿の人柄を偲ぶことができる唯一の史料になるのは、葬儀にあたって作成された仏事香語である。それについては、菩提寺の円光院に、「円光院殿武田信玄公之御夫人葬儀諸導師記録」と題された、「円光院殿仏事法語」が残されている。その全文は、『山梨県史 資料編6上』一〇二二～二三頁に翻刻収録されている。さらに上野晴朗氏は、『信玄の妻　円光院三条夫人』一八〇～一八六頁にかけて現代語訳を収めていて、その内容についてわかりやすく知ることができる。

ところが、この円光院本は完全なものではなかった。三条殿の仏事香語については、「葛藤集《かっとうしゅう》」（猪熊信男氏所蔵本、東京大学史料編纂所架蔵影写本）にも収録されていることがわかった。臨済宗妙心寺派の僧侶が作成した法事香語などが収録されているもので、武田家関係の一部は『山梨県史 資料編6下』に収録されているのであるが、残念ながら三条殿の法事香語については、収録されていない。そのため、全文を翻刻した史料集などは存在しない。とはいえ、この「葛藤集」本も完全なものではなく、そこが困るところになる。

仏事香語は、「鎖龕《さがん》」「掛真《かしん》」「起龕《きがん》」「奠茶《てんさ》」「奠湯《てんとう》」「下火《あこ》」「取骨《しゅこつ》」「安骨《あんこつ》」の各仏事における香語から成っているが、円光院本で完全に記録されているのは、大導師の快川が行った「下火」だけであることが判明する。それに対して「葛藤集」本では、それ以外でも大円智円による「掛真」、末宗瑞《まっしゅうずい》曷《かつ》による「安骨」、高山玄寿による「取骨」について全文が記録されている。しかしその一方で、「起龕」「奠湯」「奠茶」については、本文が記載されていないのである。それらについて、円光院本の内容が全文であるのかもわからない。したがって、三条殿の仏事香語の全容は、いまに至っても不明ということになる。

とはいえ、ここでは上野氏の現代語訳に基づいて、三条殿の人柄を偲んでみることにしたい。円光院住持の説三恵璨による「鎖龕」には、「およそこの世に、聖なることがなきがごとくに、心を痛ましめ、愁いの思いが多い方であられました」(「無凡聖如写愁腸」)とある。快川紹喜の「下火」には、「三条家の明るく光り輝く灯火は、霊山の涙一色におおわれてしまったといえましょう」(「三条銀燭霊山涙」)、「常に愁い悲しむ、西方の一美人として貴女は存在しておられたのです」(「愁殺西方一美人」)、「御人柄はまさに、円光日の如く、あたかも春の陽ざしのように、周りの者をやわらかく温かく包む御気性であられました」(「円光如日、和気似春」)、「貴女もこの世に桃源の境をつくろうと、民衆を撫育しておられました」(「撫育桃花色民」)、といったことが記されている。

香語の内容は、仏教的な観点からの評価、仏教に対する姿勢を中心に記されるので、それらの内容は、主に仏教への信心に関しての表現であり、必ずしも日常的な在り方を表現したわけではない。また、貴人に対しての表現であるから、当然ながら褒めそやしたものになる。とはいえ、全く根も葉もないことが書かれたわけではないだろうし、何かその片鱗のようなものがあり、それを捉えて表現されたことだろう。そうであれば、そこには故人の有り様や人柄をうかがうに十分な要素があったとみてよいと思われる。

そうしたことを踏まえてみると、愁いがちだった一方で、明るく優しく周囲を包んでいたと共に、民衆生活にも留意していた人だったことがうかがわれる。それはまさに、戦国大名家の正妻として、民衆に立脚する権力体としての戦国大名家を成り立たせるべく、しっかりとその役割に向き合っていたことを示していよう。そして、決定的な表現が、「西方の一美人」という表現と思われる。当時の「美人」という語には、容姿の美しさだけでなく、賢さ、立派さという意味も含まれる。快川がどの意味で表現したのかはわからないが、「西国からやって来た素敵な人」という意味にあったことは認められるだろう。その「一美人」に、どのような内容を見出していくかは、彼女の生涯をどのようなものとして受けとめることができるか、にかかってくるのかもしれない。

「御料人様衆」の成立

三条殿は、信玄の正妻であると共に、武田家の「家」妻の地位にあった。いずれも武田家の存立において、極めて重要な役割だったとみなされる。では、三条殿の死後に、それらはどのように継承されていったのか。本書の最後に、この問題について考えてみることにしたい。

三条殿が死去したあと、信玄は新たな正妻を迎えることはなかったようだ。当時の信玄には、別妻の禰津常安娘と、七女・八女を産んだ妾があったとみなされる。しかし信玄が、両者のどちらかを改めて正妻にした形跡はうかがわれない。では、「家」妻の役割は誰に引き継がれたと考えられるだろうか。もっとも、戦国大名家のなかには、「家」妻だった正妻の死後に、新たに正妻を迎えていない事例がみられている。それは安芸の毛利元就の場合である。そのため元就は、本来は正妻が果たすべき仕事を、自ら行っていたことが知られている（五条小枝子『戦国大名毛利家の英才教育』）。

このことからすると、この時の武田家の場合も、当主にして男性家長だった信玄が、基本的には担うものとなったと推測できる。とはいえ、「家」妻の役割は広範に及んでいたから、すべてを信玄が担うことはできなかっただろう。内容によっては、女性家老（女房衆の筆頭家臣）に基本的な奥向きの統括などを委ねたことが推測される。そうした場合に注目されるのが、三条殿の死去を受けて、五女・松姫の男性家臣団として「御料人様衆」が編成されたことである。これは第四章で触れたように、基本的には三条殿の男性家臣団である「御前様衆」を継承したものだった。また、そこでも触れたが、それら男性家臣団は、主として台所方を構成した家臣団とみなされた。

このことから、三条殿の死後、台所方の管轄は松姫に継承されたことがうかがわれた。松姫はこの時、信玄の娘のなかで、未婚の娘としては最年長の存在にあたっていた。とはいえ、まだ十歳にすぎなかった。しかし、その幼少の松姫が「御前様衆」を継承しているのである。場合によってそれは、別妻でも妾でもよかったことだろう。しかし信玄は、そうはせず、手元にあった娘の最年長者に、その役割を継承させた、と言える。このことから、台所方の管轄をする者が「家」妻の役割を果たすことになり、適任者がいない場合には、未婚の最年長の娘をそれにあてる場合があった、とみることができる。

もちろん松姫に、それらの仕事を担う能力はなかっただろう。そのため、実際の仕事は三条殿から継承した男性家臣、さらには女性家臣によって行われたに違いない。もちろん、その具体的な状況は全くわからない。そもそも、戦国大名家の奥向きの構造などについては、これまで本格的に追究されたことのない問題である。これから意識的に解明していくべき課題と言えよう。ちなみに、私がこれまで検討してきた事例を挙げると、今川家において、「家」妻が寿桂尼《じゅけいに》から早河殿《はやかわどの》（今川氏真正妻、北条氏康娘）に継承されると、寿桂尼の男性家臣が早河殿に継承されていた。女性家臣については判明しないが、おそらくは同様に継承されたことだろう。

そうすると、この松姫の場合も、三条殿の男性および女性家臣団が、基本的には継承されていたと考えることができるように思う。しかもその状態は、武田家の新しい「家」妻が登場するまでの、いわば緊急避難的な措置だったことは間違いない。しかし、「家」妻の事実上の不在は、武田家の家政の有りように何らかの影響を与えたことだろう。三条殿の死後、信玄は織田家・徳川家との全面抗争を展開していったが、武田家では「家」妻の不在によって、どのような不具合が生じるようになっていたのだろうか。そうした観点から信玄の晩年の動向をみていくことも、必要なことのように思われる。

三条殿から「御裏様」へ

信玄は、三条殿が死去して三年後にあたる、元亀四年（一五七三）四月十二日に死去した。五十三歳だった。しかし、信玄は自身の死を三年間は秘匿するよう遺言し、公的には七月に、信玄は隠居し、勝頼が家督を譲られた、という体裁がとられた。そのため信玄は、実際には死去していたにもかかわらず、その間は「御隠居様」と称された。その呼称は、後年の天正八年（一五八〇）になっても使用されており（戦武三二五二）、勝頼時代では公式に使用され続けたことがわかる。

そうしたなかで注目される存在が、天正元年（一五七三）九月三日付けの武田家朱印状四通（戦武二一六二〜六五）にみえている「御裏様」である。この「御裏様」という表現は、信玄と三条殿の次女・見性院殿《けんしょういんでん》が、穴山武田信君《のぶただ》の正妻としての立場についてみえていたものになる。このことに鑑みれば、それは妻についての呼称と認識される。そうすると、勝頼の家督継承後に「御裏様」と称された、勝頼の妻の登場がみられたことが認識される。

それら「御裏様」がみえている史料は、「御裏様」に昼夜の奉公をしていることをもとに、「郷並み」「町並み」の普請役の負担を免除するものだった。その対象となっているのは、島上条郷（山梨県甲斐市）の小田切縫殿允・窪田次郎兵衛尉・渡辺喜兵衛尉・羽中田善五郎、孫□郎、河上郷（同南アルプス市）の北村三郎右衛門尉、大窪郷（同笛吹市）の岡弥左衛門尉、そして甲府城下の長井又五郎だった。そのうちの一つを掲げておこう。

（竜朱印）定め

御裏様に昼夜の奉公相勤め候条、郷次の普請役を御赦免し候由、仰せ出さるる者也、仍って件の如し、

九月三日　　跡部大炊助（勝資）これを奉る

にな る。

河上の

北村三郎右衛門尉

「郷次《なみ》」「町次《なみ》」の普請役の負担対象とされているので、彼らは本質的には村落・町居住の百姓・町人だった。それが「御裏様」に日常的に奉公していることをもって、それらの負担を免除されたことになる。

これは第四章で取り上げた、三条殿の奉公人の在り方と全く同様である。特に長井又五郎は、そもそもは三条殿の男性家臣だったことが想定された存在になる。したがって彼らは、三条殿の「御前様衆」、次いで松姫の「御料人様衆」を経て、この時には「御裏様」の男性家臣団として編成されていたものとみなされる。このことから「御裏様」は、この時期においては、勝頼の妻にして、しかも武田家の「家」妻という立場にあった存在とみなして間違いない。これまで、勝頼の妻としては、正妻として、信濃高遠領時代の竜勝寺殿《りゅうしょうじでん》(織田信長養女)と、天正四年(一五七六)に結婚した桂林院殿《けいりんいんでん》(北条氏康娘)の存在しか認識されていなかった。しかしこのことによって、勝頼には、武田家の家督継承後に、それらとは別人となる妻の存在があったことがわかる。

では、その妻は、具体的には誰にあたると考えられるのか。その立場は、正妻だったのか、もしくは別妻だったのか。残念ながら、これらのことについては全く明らかにならないし、判断できる材料

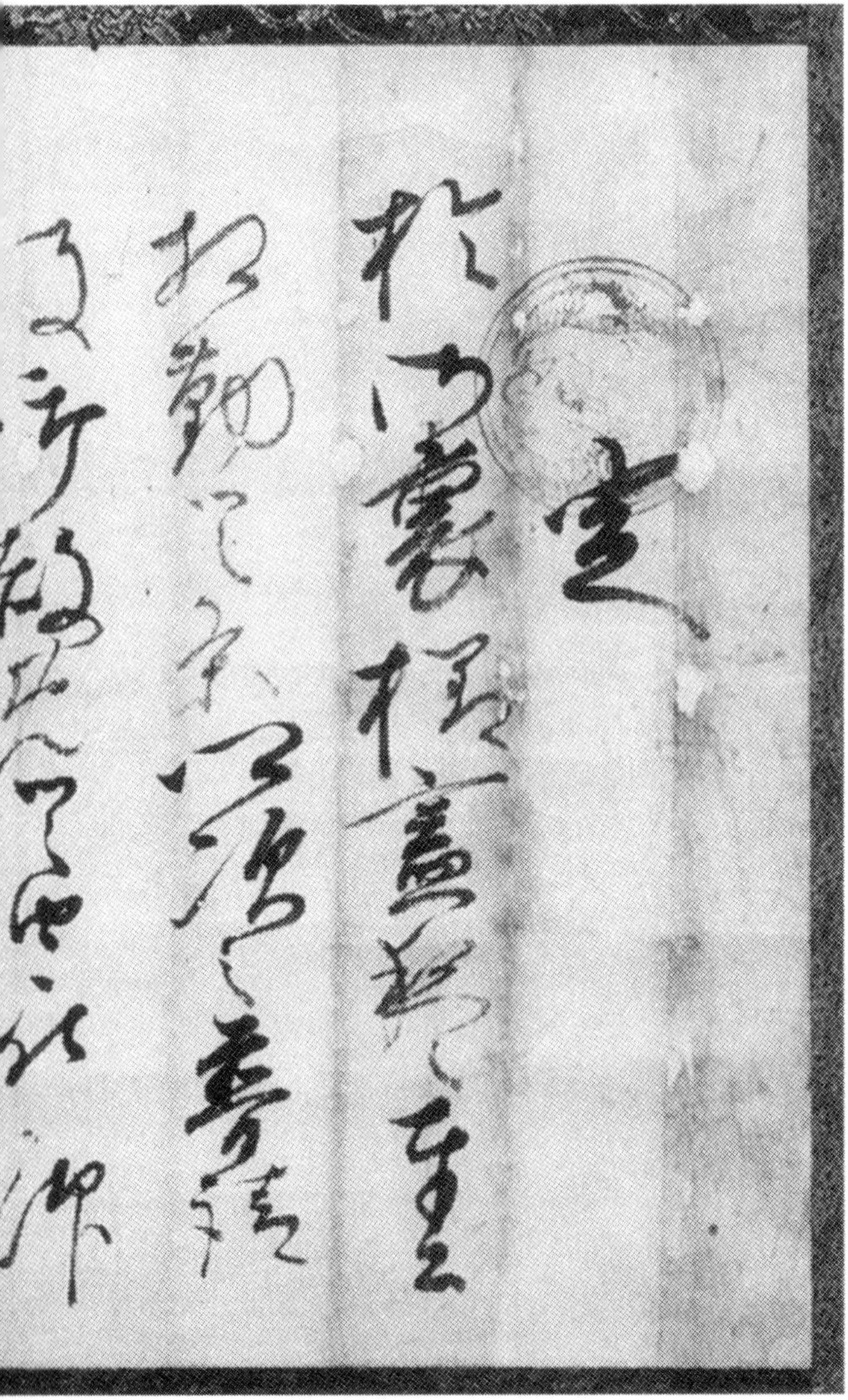

『山梨県史 資料編4 中世1 別冊写真集』より転載）

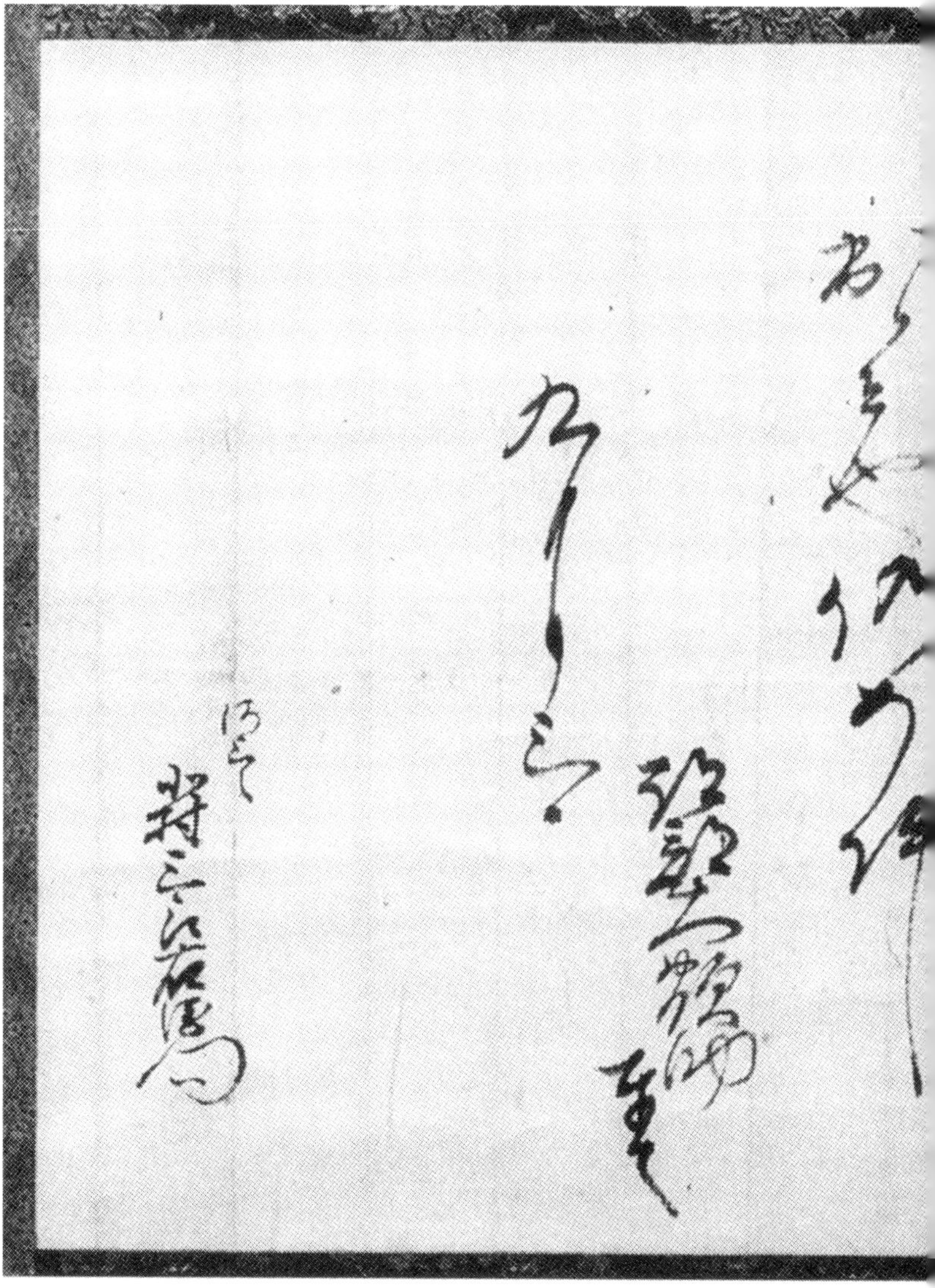

（天正元年）9月3日付け武田家朱印状（小倉家文書。

もない。そもそも、正妻と別妻の区別は、複数の妻が存在していることから生じる区分とみなされる。そうすると、この時に勝頼の妻としてこの「御裏様」しか存在していなければ、彼女が勝頼の実質的な正妻であり、かつ「家」妻の役割を担っていた、と考えなくてはならないように思う。

ただ一人だけ、思い当たる人物がいる。天正三年（一五七五）五月に、三河長篠合戦の陣中から、勝頼が漢字仮名混じり文の消息を送っている女性である（戦武二四九三）。

此のほどは、御おとずれも候わず候、きげんいかが候や、これのみこころもとのうおもいまいらせ候、うんきの事に候あいだ、ゆだんなくようじょうもっともにて候、さいわいほういんそこもとに候間、うちおかずくすり御もちい候べく候、又ここほどいずかたもぞんぶんのままに候、ながしのもほんいほどあるまじく候、こころやすかるべく候、なおこのほどきげんいかがいかが、きかまほしく候、くわしく返事まち入りまいらせ候、かしく、返すがえす、ちかき比はきげんいかが御いり候や、あさ夕あんじまいらせ候、かならずかならずゆだんなくくすりをもちい申し候て、もっともに候、くわしく申したく候え共、とりみだし大かたならず候あいだ、そうそう、

「　　　　　　　みかわ　ながしのより

かいにて　　　　　　　　　　かつ頼

「□□□へまいる　　　　　　　」

病床にある女性を気遣う、心温まる内容と言ってよいだろう。勝頼の優しさを感じることができる、貴重な消息と言える。これまでの研究では、その女性は勝頼の「側室」とみなされてきた。しかし、これは旧来の「正室・側室」観念による表現にすぎない。現在の研究段階からすれば、妻か、妾か、と表現すべきものになる。もしかしたら、この女性が「御裏様」にあたるのかもしれない。その場合には、彼女は天正三年五月時点で、勝頼の妻として存在していたことになろう。ただし、これは全くの推測でしかない。

ともあれ、三条殿の死後、武田家の「家」妻の立場は、勝頼による武田家継承後に、この勝頼の妻と推定される「御裏様」に継承されたとみて間違いないだろう。彼女が「家」妻として、どのような活躍をみせたのかは、ほかに史料がないため全くわからない。しかし、新たな「家」妻の登場によって、武田家の家政は、ようやく本来の姿を取り戻すことができたに違いない。

史料編　三条殿・武田義信仏事香語

一　三条殿仏事香語（「円光院文書」『山梨県史 資料編6上』）

「円光院殿武田信玄公之御夫人葬儀諸導師記録」

円光院殿梅岑宗蘤大禅定尼元亀元年秋八月闍維五十歳逝去

鎖龕　説三

拈鎖子云、

開凡聖如写愁腸、把定要津那一方、般涅槃門金鎖合、月明花落好風光、

掛真　大円

遺像即留身後名、押義卓爾太分明、虚空紙上須弥筆、点破娘生双眼睛、

起龕　　　　　　　　　　　　　　　　　　　　　　　　　桂岩

寸歩不移一路、大千世界億分身、即今挙起真消息、八月梅花劫外春、

奠茶　　　　　　　　　　　　　　　　　　　　　　　　　鉄觜

銀椀何曾蘇渇望、勸君別有這頭綱、半升鐺内剛○脱字不知露、吹作人天一味涼、

奠湯　　　　　　　　　　　　　　　　　　　　　　　　　藍田

倒傾四海作香湯、一化拈来与阿娘、草木叢林禅本草、乾坤無拠不霊光、

下火　　　　　　　　　　　　　　　　　　　　　　　　　快川和尚

五十年間転法輪、涅槃先兼紫金身、
三条銀燭霊山涙、愁殺西方一美人、
　共惟円光院殿梅岑宗藹大禅定尼公家華族洛水精、
　　円光如日、　和気似春、
女身即大悲院裡観音、　掃除楊柳抜髪、

武后是兜率天上弥勒、　撫育桃花色民、
　掀飜般若智海、　把断煩悩迷津、
松風説法蘿月談空、　誦経全不借馬郎口、
蕙草羅参梅香入室、　成仏無乃攀竜女鱗、
　能解五障三従、　具足四事八珍、
綺羅叢度平生、　工夫商量鴛鴦仏法、
瑠璃殿無知識、　何人相見獅子嚬呻、
　急逢着臨済白拈財、　己失却洞流黒爛銀、
威風遍千世界、　意気逼四坤垠、
直饒恁麼受用、将来猶是生死、岸頭事才為大作家、平殿山僧指陳去、以火杷子打云看々徳山門下事、捧
頭敲出玉麒麟、喝一喝、

取骨　　　高山

涅槃一路転供鈞、火裡梅花八月春、姑射仙姿払灰看、氷肌玉骨是前身、

安骨　　　末宗

閻浮八万四千強、舎利金壜無処蔵、一把骨頭鎚砕看、士峯雪白塵扶桑、

二　三条殿仏事香語（「葛藤集」）

円光院殿梅岑宗藹大禅定尼

鎖龕　無凡聖処写愁腸、把定要津那一方、般涅祥門金鎖合、月明花落好風光、　説三

掛真　遺像即留身後名、坤儀卓爾太分明、虚空紙上須弥筆、点破娘生双眼睛、共惟某蘭心蕙性、抑思花情梅岑観音、約馬郎冶容誨婬、脱蚌蛤胎内蒲衣、文殊度童女随宜、説法作獅子吼声、金沙灘清風明月、紫貝宮帰熖乹城、五彩昼鵞鴦玉綿、金針工夫繍出、三生化胡蝶角枕、錦衾大多俄驚称、三条的骨則不屑、古今一千尊処、万物道旅分孰与、邯鄲五十栄随縁、真如不変真如、南中慈弁済度而、此福徳勝前福徳、此季諼中露清、所以奴泮楼閣夏、明達輩看山水閣、次平正恁麼不恁麼、願是唯心浄土、不恁麼正恁麼、恐甚阿鼻火坑、会取一向莫涉多程、上来繞草子大禅定尼、在香閨中日所作、廉閑事別有帰家、穏坐地山僧如何、判評「展㡧云」世間、無限丹青手、一殿傷心盃不成、咄、　大円

起龕　仏事不遑記　　桂岩

奠湯　藍田
奠茶　鉄觜

安骨

閻浮八万四千強、舎利金壜無処蔵、一把骨頭鎚砕看、士峯雪白尽扶桑、恭惟某這紅粉台「代黒」真白毫光、帰染済向上宗、一喝柷前有甚五障、諳徳崇後句、三条椽下直須参詳、遊戯神通針鋒弄獅犭、妙用自在錦繡栖鵞鴦、曾勅大聖文殊接得、法華会上献玉竜女、更為婦人観世随侍、金砂灘頭誦経焉、郎幻境幻縁棰花露脆、随生注滅蒸旧風涼、是故坐脱亡立、不住涅瑠踌階上布、赤沙笑殺捻持老、胡室殁益籃咒、盛白月腸却霊、照登居士床、是故坐脱立亡、不住涅柈岸横眠倒哉、豈非正竟塚、如上文字禅大禅定尼、解脱三昧底消息子、向上別有転身那一路、即今如何不揚去、「安置舎利云」金粟如来身也、化菓珠仙子骨猶香、即今喝一喝、　末宗

起骨

涅槃一路転供鈞、火裡梅花八月春、姑射仙姿掃灰看、氷肌玉骨是前身、夫惟某窈窕淑女嬋妍佳人、挽

歌一曲掩明読之、恷庶民不挙火葬、車千乗添素服之色、別涙皆沾巾、五十余霜花飛落、此六之宮月暗、柳顰梅岑妙世音、棿前放出于灘上鎖骨、恵林雲門老捧下、截断於末後業、因彷彿竜宮宝錦変成男子、依俙麗家霊照賺、殺老親生死岸頭、万山不隔中秋月、煩悩海裡三雨、全清六合塵、到這裡浄躶々劈、破闍羅金札赤洒之撃、砕泥犂鉄輪、撫骨云従上事且惜、看々這骨頭子脱体、現成露全身丙丁童子、可拱許白玉西施薬汞銀、喝一喝、

高山

下火

五十年間転法輪、涅槃先兼紫金身、三条銀燭霊山涙、愁殺西方一美人、共惟某公家花族洛水精神、円光如日、和気似春、女身即大悲院裡観音、掃揚柳枝髪、武后是兜率天上弥勒、撫桃花色民、掀飜般若智海、把断煩悩迷津、松風説法蘿月談空、誦経全不借馬郎口、蕙草罷参梅香入室、成仏無乃攀竜女鱗、能解五障三従、具足四事七珍、綺羅叢度平生、工夫商量鴛鴦仏法、瑠璃殿無知識、何人相見獅子嚬呻、急逢着臨済白拈賊、己失却洞流黒爛銀、威風遍千世界、意気逼四坤垠、直饒恁麼受用、将来猶是生死、岸頭事未為大作家、手殿山僧更指陳去、看々徳山門下事、捧頭敲出玉麒麟、咄、

快川

三　武田義信仏事香語（「頌文雑句」）

鎖龕（「頌文雑句」一）

　等山良公大禅定門　　　　大円

這丈夫児也、大奇機先打破、沽泥犁前村、昨夜小春雪暗、鎖清香梅一枝、　夫以　名入
風権月柄、雹語氷辞、
黄菊隠逸傲霜、遺張氏英於漢高殿、
金粟如来辞世、示維摩病於毘耶離、
眼界天高海濶、黙処電巻雷馳、
有余涅槃無余涅槃、是謂不生不滅、
巳到彼岸当到彼岸、元来絶毫釐、
信受他洞上血脈、撞音吾臨済宗師、
意気露堂堂、出三界火宅掀飜四大海、
脚跟浮逼々、入無何有郷踢倒五須弥、
転身一路、莫渉多岐、

上来話柄大禅定門、生前做得底常三昧、雖然与麼更有安身立命処、野衲直下提持去、挙鎖子云、白雲横谷口、鎖断碧落碑、喝一喝、

下火（同前）

東光寺殿箏山良公大禅定門〈名入〉　春国

美玉良金眼裏埃、岩々気出群来、風前咫尺、羅浮路化、作飛仙換骨梅、　共惟名入

支大厦喬木、忬武家好材、

兄弟固帯深根而、似種禹鈞五科桂、

孫子抽枝襲葉而、宜茂王祐三合槐、

珠簾玉案前、花之時遊花而渉園圃、

翠帳紅閨下、月之夕坐月而斟戯陔、

脱得四生六凡之苦輪、爰奪四大紛紛境、

消滅十悪五逆之罪業、不聞六月櫄櫄雷、

寂々寥々薄暮夭、斜陽歿扶桑海、

軽々漠々安居雪、驀地築西華台、

譬諸大士応化喬苗、不異見雲黄山之檮樹、

別有衆病悉除霊薬、無由尋日本国之蓬萊、
青山緑水皆是為我伽藍、活路普通徹、
清風明月無非諸仏浄刹、妙門忽豁開、
擲火空中云、丙十童子為大禅定門、差肩結眉者、
三十年即今、蹈破末後牢関、陀上三十三天、
去到這裏、好生観奇哉奇哉、
烈焔堆中飜白浪、牛頭歿矣馬頭回、　喝一喝、

掛真（「頌文雑句」二）

籌山良公大禅定門　　説三

紙上分明、清浄身等閑、擲筆到無塵、大禅定門大禅定門、尽工写得不言処、十月桃花還此人、　恭維
名入　眉目吐月、胸懐漏春、
雖末続武運家、氏族為八幡太郎之苗裔、
已同登公郷位、坤母為三条大臣之精神、
久游刃於病床角、早棄甲之阿修倫、
時至哉、不違府君父子之情、還郷日受多年赦、

理自顕、請題長禅・福恵之翁、捐館夕問一大因、
是故玉樓金殿作鍍鑠鑚、
剣樹刀山変薬工銀、
一載已先顔回、不幸短命、
千斯却夭彭祖、老語周諄、
無余非無有余不有、俗体不俗真諦不真、
即今大禅定門、恁麼言説聴取麼、更有悟得底之那一句、為公指陳作円相云、不出金剛半幅裏蔵身、露
影活機輪、喝、

起龕（同前）

同前　　南華

生死涅槃無別路、都盧大地本来身、欲識弥勒同龕旨、紅葉花飛三会春、恭以名入
門地太高、論氏族則闢源於源氏、
箕裘不墜、学仁道則擇里於里仁、
曾聞遊戯乎六芸苑、今看抹過乎五逆津、
合治君臣父子夫婦三綱、惜哉不幸短命、

已離眼耳鼻舌身意六賊、是即換骨頤神、
将謂夢幻伴子、畢竟無位真人、
入得関山一路按無孔笛順風、其声穿開碧落、
追慕林際四賓磨吹毛剣智水、其鋒截断紅塵、
不啻云礼云楽、又是入俗入真、
帰依雲山蘇智識則、卧竜奮迅、
咲殺石室列道者則、獅子嚬呻、
到這裏、根本無明枝末無明、説什麼無明煩悩、
　観照般若実相般若、渉什麼般若談論、
如上事且置向上別有刹那、一句子大禅定門聴取、山僧指陳作起龕勢云、金剛正体是非外火焰裏転大法輪、
喝、

奠茶（同前）
　同前　　　　　　高山
無心椀子解黐身、呼醒閻浮夢裡人、不信看看舌頭眼、桃花雪白建渓春、　共惟名入
武門九鼎、宗廟八珍、

抜俗高標、惜哉合承信州太守詔、
論禅機用、好述曾結河陽婦子姻、
托霊根於三条広路、聞寒香于万壑水浜、
依俙揚西菴見春国師、未後一句、
彷彿蘇東坡薦南屏老、影前三巡、
将謂草木魁首、元是菊花精神、
団竜上天、涅槃後有大人相、
病驥伏櫪、意気渾成一聚塵、
清風生両腋、甘露沾双唇、
到這裏更有向上、一著子為大禅定門、指陳去挙盞云、錯々点茶三昧手、烏甌依旧黒粼皴、

奠湯（「頌文雑句」三）

籌山良公　　桂岩

不借医王妙手煎、即今大裡汲渭泉、点来追薦霊方外、一盞香湯一味禅、　共惟名入
超三恭美、争潘岳妍、
其名大哉、武王諸侯八百、

維徳至矣、田文食客三千、
容俗談於曹渓門下、受法号於瑞雲山前、
擬之感麟翁仁、霊芝白朮、
比之司馬公政、甘草黄連、
無相丹砂点金点鉄、頤神碧岩非散非円、
転肉身而帰空身、法身自在、
離俗諦而入真諦、聖諦廓然、
不恐泥梨獄、豈願兜率天、
這箇且置只此一場剤和、将来底之消息子為禅定門、纔渉言宣、一粒粟中蔵世界、半外鐺内煮山川、咦、

取骨（「頌文雑句」四）

篝山良公　　　藍田

見者悲傷、聞者驚年光三十、一場栄、元是竜門原上土、唯埋霊骨不埋名、　共維名入
一門人物、四海雄英、
窃比短命顔回、才名可惜、
如同換骨魯直、脱体現成、

不啻人天器、况復父母情、
羽觴酔花、詠倭歌則出群抜華、
瓊筵坐月、事宴遊則覃思妍精、
或時臨敵国威振十方、軽身重命、
或時解穏坐脚蹈実地、美誉芳声、
具足辣手段、突出活眼睛、
正与麼時節説甚麼千生万劫、
論甚麼七縦八横、
也太奇々々々、木雞鳴子夜、
殆可把々々々、蒭狗吠天明、
雖然渭麼更有向上宗乗事、山僧如何施呈去、信手一槌々砕骨頭節々、有誰争、喝一喝、

主要参考文献

秋山　敬『甲斐武田氏と国人の中世』（岩田書院、二〇一四年）
浅倉直美「北条氏政正室黄梅院殿と北条氏直」（『武田氏研究』五九号、二〇一九年）
安藤　弥『戦国期宗教勢力史論』（法藏館、二〇一九年）
磯貝正義『定本武田信玄』（新人物往来社、一九七七年）
上野晴朗『定本武田勝頼』（新人物往来社、一九七八年）
同　『信玄の妻　円光院三条夫人』（新人物往来社、一九九〇年）
遠藤珠紀「織田信長子息と武田信玄息女の婚姻」（『戦国史研究』六二号、二〇一一年）
奥野高廣『武田信玄』（人物叢書19、吉川弘文館、一九五九年）
春日太郎『花の若武者　仁科五郎盛信』（伊那毎日新聞社、一九八二年）
観泉寺史編纂刊行委員会編『今川氏と観泉寺』（吉川弘文館、一九七四年）
神田千里『顕如——仏法再興の志を励まれ候べく候』（ミネルヴァ日本評伝選２０８、ミネルヴァ書房、二〇二〇年）
北島藤次郎『武田信玄息女　松姫さま』（私家版、一九七二年）
同　『史録仁科五郎盛信』（鉄生堂、一九八〇年）
黒田基樹『扇谷上杉氏と太田道灌』（岩田選書・地域の中世1、岩田書院、二〇〇四年）
同　『戦国期の債務と徳政』（校倉書房、二〇〇九年）
同　『戦国大名　政策・統治・戦争』（平凡社新書７１３、二〇一四年）
同　『関東戦国史——北条VS上杉55年戦争の真実』（角川ソフィア文庫、二〇一七年）
同　『北条氏康の妻　瑞渓院』（中世から近世へ、平凡社、二〇一七年）

同　『戦国北条家一族事典』（戎光祥出版、二〇一八年）
同　『北条氏政――乾坤を截破し太虚に帰す』（ミネルヴァ日本評伝選179、ミネルヴァ書房、二〇一八年）
同　『北条氏綱――勝って甲の緒をしめよ』（ミネルヴァ日本評伝選209、ミネルヴァ書房、二〇二〇年）
同　『戦国大名・北条氏直』（角川選書645、二〇二〇年）
同　『今川のおんな家長　寿桂尼』（中世から近世へ、平凡社、二〇二一年）
同　『戦国「おんな家長」の群像』（笠間書院、二〇二一年）
五条小枝子『戦国大名毛利家の英才教育』（歴史文化ライブラリー492、吉川弘文館、二〇二〇年）
小林茂喜『仁科盛信と武田氏』（信州教育出版社、二〇一九年）
佐藤八郎『武田信玄とその周辺』（新人物往来社、一九七九年）
柴　裕之『戦国・織豊期大名徳川氏の領国支配』（戦国史研究叢書12、岩田書院、二〇一四年）
同　「徳川家康の関東入国と佐倉地域」（『風媒花』二六号、二〇一三年）
柴辻俊六『戦国期武田氏領の形成』（校倉書房、二〇〇七年）
柴辻俊六・平山優・黒田基樹・丸島和洋編『武田氏家臣団人名辞典』（東京堂出版、二〇一五年）
志村平治『藤田能登守信吉』（歴研、二〇一四年）
同　『畠山入庵義春』（歴研、二〇一七年）
同　『木曾伊与守義昌』（歴研、二〇二一年）
杉山　博『北条早雲』（小田原文庫4、名著出版、一九七六年）
須藤茂樹『武田親類衆と武田氏権力』（戦国史研究叢書16、岩田書院、二〇一八年）
首藤義之『本能寺の変と武田松姫――上杉屏風が解き明かす戦国史の真相』（せせらぎ出版、二〇〇三年）
武田氏研究会編『武田氏年表　信虎・信玄・勝頼』（高志書院、二〇一〇年）

平山　優『穴山武田氏』（中世武士選書5、戎光祥出版、二〇一一年）
同　『長篠合戦と武田勝頼』（敗者の日本史9、吉川弘文館、二〇一四年）
同　『武田氏滅亡』（角川選書580、二〇一七年）
同　『武田信虎――覆される「悪逆無道」説』（中世武士選書42、戎光祥出版、二〇一九年）
丸島和洋『武田勝頼――試される戦国大名の「器量」』（中世から近世へ、平凡社、二〇一七年）
同　「武田家臣「三郎殿」考」（『年報三田中世史研究』二一号、二〇一四年）
同　「諏方勝頼・望月信頼の岩櫃在番を示す一史料」（『武田氏研究』五七号、二〇一七年）
村松志孝編『武田家と入明寺』（武田竜宝公遺蹟保存会、一九四三年）
横山住雄『武田信玄と快川和尚』（中世武士選書6、戎光祥出版、二〇一一年）
渡辺世祐『武田信玄の経綸と修養』（新人物往来社、一九七一年）

あとがき

本書は、武田信玄の妻・三条殿の生涯を追いながら、戦国大名武田家の正妻・「家」妻の役割とその性格について、追究したものである。私はこれまでに、戦国大名小田原北条家については北条氏康の妻・瑞渓院殿を題材に（『北条氏康の妻　瑞渓院殿』）、戦国大名今川家については今川氏親の妻・寿桂尼を題材に（『今川のおんな家長　寿桂尼』）、正妻と「家」妻について追究してきた。本書で三条殿について検討したことで、図らずも駿甲相三国同盟を成した三大名家について、正妻と「家」妻の検討を行ったことになる。ただし武田家については、本書の最後で三条殿死去後の武田家の「家」妻について見通した感触からすると、信玄の母にして前代信虎の正妻・瑞運院殿と、次代勝頼時代の正妻と「家」妻については、まだ検討する価値があると感じている。

本書の刊行を思い立ったのは、昨年十一月、甲府で開催された「信玄公生誕５００年記念シンポジウム　武田信玄研究の最前線」で講演したことが契機になっている。どのような内容を話すか考えていたところ、それまで北条・今川について正妻・「家」妻について追究してきたので、武田信玄についても検討してみよう、と思ったのである。いざ検討してみると、三条殿以外の妻妾については別妻と妾の区別が明確でなかったり、そのことと子供の出生状況を照らし合わせると、一種の法則が見出された。さらにそのことから、義信事件や勝頼嗣立問題などの政治史解釈にも、新たな視点を獲得することができた。しかも、武田義信の仏事香語の確認ができたことなど、新たな史料発掘にもつながった。これらの成果を得たことで、本書を著し、刊行することにした。

私はこれまで、武田家研究には集中して取り組んではこなかった。『戦国遺文　武田氏編』の編者を務め、『山梨県史』中世編の編纂に関与するなどしていたので、それなりに武田家研究に造詣はあったと言えるが、自身の研究として武田家そのものを題材にすることはあまりしてこなかった。ところが、「戦国大名家の女性」という視角を導入するだけで、これまでとは異なる視野が広がってくるものとなった。研究蓄積が厚いとされる武田家研究にあっても、新たな視角の導入により、新たな視界が開けてくること、まさに研究には終わりがないことを実感した。

このように私は、二〇一七年に『北条氏康の妻　瑞渓院殿』を刊行してから、戦国大名家の家族と女性の在り方とその性格について追究を重ねている。戦国大名家といえども、家父長制社会の仕組みのなかでは、女性の動向を示す史料は極めて少数にすぎない。しかしそれゆえに、一つ一つの動向に注視することが大事であり、その行為の積み重ねによって、徐々にではあるが、戦国大名家における女性の役割と性格を明らかにしていくことができると考える。本書での成果とすれば、正妻は、夫たる男性家長の性をコントロールしていたという事態が挙げられよう。このことにより、戦国大名家の家族の在り方は、これまでとは違う認識を持たなくてはならなくなったと言えよう。

そのことはまた、これまで私たちが持っていた何気ない認識は、ある段階から構築されたものだったことを想定させる。それは江戸時代からのことかもしれず、あるいは明治時代からのことかもしれない。私は戦国時代について検討を行うことしかできないので、そのことを追究することはできないが、何気ない認識を相対化し客観化することは、現代社会の在り方を問い直すことになる。それこそが歴史研究に課された使命にほかならない。私が戦国大名家の女性について追究を行うようになってから、はや五年が過ぎた。しかしその成果はまだまだ乏しい。そのため今後も、新たな題材をもとに、少しずつながら検討を重ねていくことであろう。

なお、本書をなすにあたって、掲載写真や資料については、平山優・丸島和洋・海老沼真治の各氏からご提供を受けた。また、三条殿・武田義信の仏事香語の翻刻については、西岡芳文氏からご教示を受けた。そして刊行にあたっては、これまで遺文シリーズでお世話になっている東京堂出版編集部の小代渉氏にご担当していただいた。末筆ながら、改めて御礼を申し上げます。

二〇二二年六月

黒田基樹

【著者略歴】
黒田基樹（くろだ　もとき）
1965年生まれ。早稲田大学教育学部社会科地理歴史専修卒業。博士（日本史学）。
現在、駿河台大学教授。
［著書］
『百姓から見た戦国大名』（ちくま新書）、『戦国大名　政策・統治・戦争』『国衆――戦国時代のもう一つの主役』『戦国北条家の判子行政――現代につながる統治システム』（以上、平凡社新書）、『今川のおんな家長　寿桂尼』『北条氏康の妻　瑞渓院』『羽柴家崩壊――茶々と片桐且元の懊悩』（以上、平凡社）、『関東戦国史――北条VS上杉55年戦争の真実』『戦国大名の危機管理』『戦国関東覇権史――北条氏康の家臣団』（以上、角川ソフィア文庫）、『戦国「おんな家長」の群像』（笠間書院）など多数。

武田《たけだ》信玄《しんげん》の妻《つま》、三条殿《さんじょうどの》

2022年７月30日　初版印刷
2022年８月10日　初版発行

著　者　　黒田基樹
発行者　　郷田孝之
発行所　　株式会社 東京堂出版
〒101-0051　東京都千代田区神田神保町1-17
電話　03-3233-3741
http://www.tokyodoshuppan.com/

装　丁　　常松靖史［TUNE］
組　版　　有限会社 一企画
印刷・製本　　中央精版印刷株式会社
© Motoki Kuroda 2022, Printed in Japan
ISBN978-4-490-21069-9 C1021

阿部 猛［編著］

古文書古記録語辞典

古代・中世の古文書・古記録に表れる言葉の中から、制度・儀式・年中行事、社会生活上の言葉、女房詞、当時の独特な用語など約9,500を採録した。当時の意味を解説し、その後の意味の変化にまで言及。

A5判上製566頁　定価（本体12,000円＋税）

柴辻俊六・平山 優・黒田基樹・丸島和洋［編］

武田氏家臣団人名辞典

歴代当主をはじめ、親族・夫人・重臣・中小家臣、在郷被官衆、商工人、僧侶・神官まで、確実で良質な史料に基づき、武田氏に関係した約2,500人の事蹟を詳説。武田氏の権力構造や領国経営を知るための基礎を提供。

A5判上製函入768頁　定価（本体18,000円＋税）

小和田哲男［監修］／鈴木正人［編］

戦国古文書用語辞典

戦国期から近世初期の古文書をはじめ、古記録や近世の軍記物などに出てくる10,000語以上に及ぶ用語の「読み」と「意味」、そして「どの文書・文献」において、どのように使われているかの「用例」を掲載。

A5判上製766頁　定価（本体5,800円＋税）